ZOOTIERE ALS ZEITZEUGEN

Geschichte des Tierparks Dählhölzli

Roger Sidler

HIER UND JETZT

7   Einleitung:
    Vom Nutzen der Zootierbiografik

19 Fischotter Peterli (1938-1941)
    und die Selbstbehauptung

43 Wildkatze Céline (1958-1966)
    und die Emanzipation

65 Papagei Lea (-1961)
    und die Konsumlust

81 Tiger Igor (1971-1988)
    und der Wertewandel

107 Moschusochse Toni (1974-1982)
    und das Freizeitvergnügen

129 Die namenlose Dornschwanzagame
    (1995-2007) und die Zersiedelung

147 Clownfisch Nemo (*2014/15)
    und die Diversität

169 Schlusswort:
    Ein Plädoyer für den Zoo

177 Anhang

INHALT

VOM NUTZEN DER ZOOTIERBIOGRAFIK

«Im Ganzen habe ich jedenfalls erreicht, was ich erreichen wollte. Man sage nicht, es wäre der Mühe nicht wert gewesen. Im übrigen will ich keines Menschen Urteil, ich will nur Kenntnisse verbreiten, ich berichte nur, auch Ihnen, hohe Herren von der Akademie, habe ich nur berichtet.»

Franz Kafka: Ein Bericht für eine Akademie

In Franz Kafkas Erzählung schildert ein Affe dem gelehrten Publikum, wie er zu dem wurde, was er heute ist: ein Schimpanse in Menschenkleidern. Nach seiner Gefangenschaft vor die Wahl gestellt, entweder in den Zoo einzuziehen oder im Varieté aufzutreten, entschied sich der Affe für die Kleinkunst. Vor den hohen Herren der Akademie denkt er über seine Menschwerdung nach, indem er auf sein Leben zurückblickt und daraus berichtet. Während die Gelehrten von ihm wissen möchten, was das Tier zum Tier macht, versteht sich der menschgewordene Affe als ein Ich mit einer eigenen Geschichte.

Als Kafkas Erzählung 1917 erstmals publiziert wurde, war es in Zoos, Zirkussen und Varietés durchaus üblich, Menschenaffen in Kleider zu stecken. Man liess sie als Kinder verkleidet auftreten und mit einem Dreirad herumpedalen. Man inszenierte sie mit Hut und Kittel als Bier trinkende Männerrunde am Wirtshaustisch, zum Vergnügen des zahlenden Publikums. Aus solchen Nummern bezog Kafka die Inspiration für eine seiner berühmtesten Erzählungen. Dabei legte er seinem Protagonisten, der im Eiltempo den Sprung von der Wildnis in die Zivilisation schaffte, bedenkenswerte Überlegungen zur menschlichen Natur in den Mund.

Einen dieser Gedanken gibt das obige Zitat wieder. Es handelt sich dabei um das Schlusswort des Affen. Was gewinnen wir an Erkenntnissen über das menschliche Dasein im Hier und Jetzt, wenn wir uns eingehender dem individuellen Leben von Wildtieren in Gefangenschaft widmen? Taugen Zootiere als Zeitzeugen? Erfahre ich tatsächlich etwas über den gesellschaftlichen Kontext, wenn ich das Leben eines Zootiers aus dem Berner Tierpark Dählhölzli nacherzähle?

Zur Beantwortung dieser Fragen habe ich mich in die Literatur über den Berner Tierpark vertieft, Archive und Sammlungen durchforstet und Interviews geführt. Schliesslich stöberte ich sieben Tiere auf. Ihnen gemeinsam ist, dass sie alle, wenn auch zu unterschiedlichen Zeiten, im Tierpark Dählhhölzi gelebt haben. Sie hinterliessen zahlreiche Spuren, anhand derer ich die Lebensgeschichten von Fischotter Peterli, Wildkatze Céline, Papagei Lea, Tiger Igor, Moschusochse Toni, der namenlosen Dornschwanzagame und Clownfisch Nemo nachzeichnen konnte.

Ich teile die Ansicht des Affen bei Kafka, wonach der Beitrag der Zootiere zum Verständnis unserer Zeit nicht unterschätzt werden sollte. Meiner Meinung nach beharrte er zu Recht auf diesem Punkt.

EINLEITUNG

Weder sind Zootiere geschichtslose Wesen noch beliebige Exemplare ihrer jeweiligen Art. Auch wenn sie im herkömmlichen Sinne keine intentional handelnden Subjekte sind, sind sie nichtsdestotrotz handlungsfähige, charakterstarke Persönlichkeiten. Über ihr Wirken in einer der bedeutendsten Kulturinstitutionen der Stadt Bern will ich in diesem Buch berichten.

KEINE UNBESCHRIEBENEN BLÄTTER

Im städtischen Tierpark gehörten die sieben Tiere zu den Stars. Ihre Namen kannte man in der Stadt, besonders die Kinder, aber längst nicht nur sie. Ihretwegen kamen die Besucherinnen und Besucher nach Bern. Die heimische Presse schrieb regelmässig und gern über die sieben Wildtiere, denn der Tierpark wusste seine Hauptdarsteller zu präsentieren. Ereignisse wie die Ankunft im Zoo, Nachzuchten oder der Bezug neuer Gehege und Aquarien, aber auch Extravaganzen und Todesfälle gaben Anlässe zu immer neuen Artikeln, meist versehen mit einer schönen Illustration der fotogenen Lieblinge. Nicht umsonst gehörte der Presseapéro im Tierpark zum fixen Termin im Kulturkalender der Stadt. Dem Lokaljournalismus bot er eine Veranstaltung von hohem Unterhaltungs- und Bildungswert.

Stoff für Publikationen lieferten die sieben Wildtiere auch den Zooverantwortlichen. Vor allem Tierparkverwalterin Monika Meyer-Holzapfel, die das Dählhölzli von 1944 bis 1969 leitete, wusste um das literarische Potenzial ihrer Schützlinge. Ihre Bücher «Tiere, meine täglichen Gefährten» (1966) und «Tierpark – kleine Heimat» (1968) waren äusserst populär, weil die an der Universität Bern dozierende Tierpsychologin das Verhalten der Tiere ähnlich darstellte wie menschliches Benehmen und Empfinden.[1] In ihren Erzählungen werden die wilden, fremden und faszinierenden Tiere zu vertrauten Wesen. Ihr Schicksal geht uns nahe. Heini Hediger, der 1938 bis 1944 als Vorgänger von Meyer-Holzapfel den Tierpark geführt und schon in jungen Jahren einen vorzüglichen internationalen Ruf als Begründer der Tiergartenbiologie, also der Theorie und Praxis der Zootierhaltung, genoss, verwies in seinen Publikationen mehrfach auf Fischotter Peterli und dessen trauriges Ende.[2] Selbst in seinen Memoiren gedachte der mittlerweile weltberühmte Hediger diesem besonderen Tier.[3] Auch die Tierparkdirektoren Hannes Sägesser und

Bernd Schildger – Ersterer war von 1970 bis 1991, Letzterer von 1997 bis 2021 im Amt – schrieben über Zootiere, die ihr Denken prägten.[4] Allerdings änderte sich der Erzählton. Er wurde sachlicher, weil sie zwischen Mensch und Tier eine klarere Grenze zogen. Bodenständig zu und her geht es in Fred Sommers Rückschau auf sein Leben als Tierpfleger im Dählhölzli.[5] Dass sich der gelernte Metzger an seine erste Begegnung mit dem Sibirischen Tiger Igor erinnerte, für den er dann jahrelang zuständig war, glauben wir ihm gern.

Zoointern hinterliessen die sieben Wildtiere haufenweise Akten. Beobachtungsblätter mit Hinweisen auf Krankheiten und Nachzuchten, Analysen von Kotproben, Sektionsberichte und Agendaeinträge der Tierparkleitung dokumentieren den Werdegang der Tiere und bezeugen die Aufmerksamkeit und Sorgfalt, mit der sich das Zoopersonal um sie kümmerte. Über den Zustand der Tiere legten die Direktorinnen und Direktoren in den Vierteljahresberichten zuhanden des Gemeinderats, der Stadtberner Exekutive, regelmässig Rechenschaft ab, selbst im jährlichen Verwaltungsbericht der Stadt Bern ist von ihnen die Rede. Entgegen der spontanen Vermutung, über das Leben individualisierter Zootiere lasse sich wenig in Erfahrung bringen, stiess ich auf gut dokumentierte Lebensgeschichten.

WEDER ANEKDOTE NOCH EXEMPLAR

Mittlerweile ist die Geschichte der Wildtierhaltung in Menagerien, Tiergärten, Wildtierpärken und Zoos gut dokumentiert und breit erforscht.[6] Diese Feststellung trifft sowohl auf die einzelnen Epochen der Zoogeschichte als auch auf die allermeisten Zoos zu. Für das Dählhölzli legte Sebastian Bentz 2016 eine erste umfassende Aufarbeitung vor.[7] Schon zuvor hatte der Berner Tierpark anlässlich runder Geburtstage reich illustrierte Publikationen veröffentlicht, die immer auch historische Abrisse umfassten.

In den Jubiläumsschriften der Zoos, den Erinnerungen des Zoopersonals und den an ein breites Publikum gewandten Sachbüchern im Stil von Meyer-Holzapfel spielen witzige, mitunter derbe Anekdoten über namentlich bekannte Zootiere eine wichtige Rolle. Sie geben uns mal unterhaltsame, mal erschreckende Einblicke ins Innenleben einer an Episoden reichen Kulturinstitution. Die Anekdoten sorgen für Unterhaltung, wecken das Interesse der Leserschaft, bleiben aber immer Momentaufnahmen. Woher das Tier kam, von der die Episode berichtet, was aus ihm wurde, sofern die Geschichte nicht sein Ableben erzählt, wie es seinen Alltag verbrachte, erfahren wir nicht. Die 2022 im Amsterdamer Rijksmuseum gezeigte Ausstellung über das Nashorn Clara, das im 18. Jahrhundert durch Europa tourte und als Wundertier der Wissenschaft und als Muse der Kunst betrachtet wurde, bildet diesbezüglich eine Ausnahme.[8] Biografische Porträts über Wildtiere sind höchst selten.

Die Gelehrten des 19. Jahrhunderts sahen in Zootieren nichts anderes als lebende Sammelobjekte. Für sie waren die Tiere austauschbar. Aus diesem Grund wurde in den Menagerien und Zoos meist nur ein einzelnes Exemplar ausgestellt, weil das mit Blick auf die Sammlungslogik vollkommen genügte. Starb das Tier, wurde es durch einen Artgenossen ersetzt. Selbst wenn ein Paar ausgestellt war, dachte niemand an Nachzucht, sondern an die Unterschiede in Form und Farbe zwischen männlichen und weiblichen Tieren. Diese Sammellogik ergab sich aus dem Ringen um die zoologische Systematik. Nichts weniger als die Inventarisierung des Tierreichs strebte die Wissenschaft an. Beim Ordnen kam der vergleichenden Anatomie mit ihren Sektionen eine herausragende Rolle zu, weil sie nach körperlichen Merkmalen suchte, die über den Platz einer Art und ihrer Unterarten in den konkurrierenden Klassifikationssystemen entschieden. Um die Tierkadaver aus den Zoos rissen sich die anatomischen Institute, wobei sie sich lange Zeit mit Jungtieren begnügen mussten, weil die Wildfänge in der Regel kurz nach ihrer Ankunft in Europa starben und sie kaum einmal das Erwachsenenalter erreichten. Wer in seiner Stadt über keinen Zoo verfügte, kämpfte mit einem erheblichen Standortnachteil. Das galt auch für die Naturhistorischen Museen, die beim Aufbau ihrer Sammlungen genauso auf Zootiere angewiesen waren. Besonders beliebt waren die sterblichen Überreste grosser Säugetiere aus Afrika.

Ein gut bestückter Zoo hielt bis ins 20. Jahrhundert hinein möglichst viele, wenn nicht alle bekannten Arten einer Gattung, idealerweise im selben Käfig, zumindest gut sichtbar nebeneinander. Hinter den Gitterstäben wurde dem neugierigen Publikum immer auch der Wissensstand der zoologischen Systematik präsentiert. Diese Art der Zootierhaltung entsprach in keiner Weise den Bedürfnissen der ausgestellten Tiere. Die Folge war eine erschreckend hohe Sterblichkeit, sodass die Verantwortlichen sich gezwungen sahen, ihre Tierbestände permanent aufzufüllen, wofür sie viel Geld aufwarfen. Ohne den steten Nachschub an neuen Tieren wären die Zoos bei einem Lieferstopp noch bis in die 1960er-Jahre hinein binnen Jahresfrist halb leer gewesen. Das war in Berns Vivarium, wo die Exoten bis heute zu Hause sind, nicht anders.

Durch die Rekonstruktion ihrer Lebensgeschichten löse ich die sieben Tiere aus ihrem ahistorischen Dasein als reine Anschauungsexemplare heraus. In diesem Buch gebe ich ihnen jenen Raum und jene Zeit zurück, die ihr Leben bestimmten. Indem ich ihnen eine Lebensdauer zugestehe, befreie ich sie auch aus der anekdotischen Momentaufnahme. Wie die Porträts belegen, haftet dem Leben einzelner Tiere gar ein Hauch von Unsterblichkeit an, solange deren Überreste in hochspezialisierten Institutionen für die kommenden Generationen aufbewahrt werden.

ZOOTIERE ALS ZEITZEUGEN

Den historischen Kontext, in dem die sieben Zootiere stehen, bilde ich auf drei Ebenen ab. Erstens beziehe ich das damalige zoologische, pathologische und tiermedizinische Wissen ein und zeige, welche theoretischen Konzepte jeweils wegweisend waren. Diesen Wissensstand konfrontiere ich mit heutigen Erkenntnissen. Über einheimische Tiere beispielsweise wusste die wissenschaftliche Gemeinschaft bis weit in die 1960er-Jahre erstaunlich wenig, was zur paradoxen Tatsache führte, dass viele exotische Tiere in den Zoos um einiges einfacher zu halten waren als einheimische.[9] Während Fischotter Peterli dieser Ignoranz zum Opfer fiel, wurde Wildkatze Céline zu einer Pionierin der Feldforschung. Moschusochse Toni wiederum starb an einer seltsamen Krankheit, deren Ursache erst 37 Jahre später entdeckt wurde. Diese Beispiele machen deutlich, wie rasant sich die Wissenschaft im 20. Jahrhundert entwickelte.

Von Anfang an verstand sich der Berner Tierpark als ein wissenschaftlich geführter Zoo, gerade auch, was die Tierhaltung betraf. Die Geschichte der Tiergartenbiologie ist die zweite Ebene, auf der ich dem Zeittypischen nachspüre. Trotz des Anspruchs, die Tierhaltung auf wissenschaftliche Erkenntnisse abzustützen, setzte erst in den 1960er-Jahren eine Entwicklung ein, welche die Überlebenschancen der Zootiere erhöhte. Hediger wäre erstaunt und entzückt, wenn er heute seine morgendliche Inspektionstour durch das Dählhölzli antreten würde. Die derzeitige Direktorin Friederike von Houwald wüsste hingegen die hohe Tiersterblichkeit zu Hedigers Zeiten nicht mehr zu rechtfertigen. Wenn ich die Zootierhaltung von damals mit den Konzepten von heute vergleiche, geht es mir nicht darum, die Leistungen früherer Zooverantwortlichen abzuwerten oder ihnen einen guten Willen abzusprechen. Der Vergleich soll das Zeittypische hervorheben. In jedem Tierporträt wende ich mich einem spezifischen Aspekt der Zootierhaltung zu, der für das jeweilige Tier von Bedeutung war. Bei Clownfisch Nemo etwa liegt es auf der Hand, dass ich mich der Aquaristik, genauer dem Aufbau und Unterhalt des Berner Korallenriffs zuwende. In ihrer Gesamtheit illustrieren die sieben Porträts eindrücklich die Professionalisierung der Zootierhaltung.

Die sieben Zootiere verbrachten in ihren Gehegen alles andere als ein vom Tagesgeschehen isoliertes Leben inmitten einer stillen, grünen Oase. Vielmehr erstaunt die Dringlichkeit, mit der gesellschaftliche Debatten und politische Auseinandersetzungen auf den Alltag der Tiere einwirkten. Ich habe die Tiere so ausgewählt, dass deren Biografien die gesamte Zeitspanne von der Gründung des Tierparks 1937 bis in die Gegenwart abdecken. Zuverlässig wie ein Lackmuspapier zeigen die sieben Protagonistinnen und Protagonisten die Veränderungen der Zeit an. Empfindlich wie ein Seismograf registrieren sie die gesellschaftlichen Erschütterungen. Sie dokumentieren die Selbstbehauptung in Kriegszeiten, den Aufbruch in die Konsumgesellschaft, die Emanzipation, den Wertewandel, das Freizeitvergnügen, die Zersiedelung der Landschaft und die Diversität.

ZOOTIERE ALS KULTURSCHAFFENDE

Nachdem Hediger 1938 als erster vollamtlicher Tierparkverwalter gewählt worden war, führte er das Dählhölzli nach einem neuartigen Selbstverständnis. Für ihn war der Zoo in erster Linie eine Bildungs- und Forschungsstätte, die sich für die immer stärker unter Druck kommende Natur und Fauna zu engagieren hatte. Er strebte eine Zusammenarbeit mit den Instituten der Universität an, aber auch mit dem Naturhistorischen Museum. Er bemühte sich um den Austausch von neuen wissenschaftlichen Erkenntnissen. Er befürwortete um der Nachzuchten willen eine weltweite Koordination der Zoos. Ihm genügte es nicht mehr, wenn der Zoo sich darauf beschränkte, den Menschen Erholung und Unterhaltung anzubieten.[10] Diese Aufgabe hatte der Tierpark zwar ebenfalls zu erfüllen, aber das «Tiermaterial» sollte in sämtliche Richtungen genutzt werden. Aus Verantwortungsgefühl gegenüber den aus der Wildnis entnommenen Tieren leitete Hediger die Verpflichtung zur bestmöglichen Pflege ab.[11] Obschon die Tiere auch in seinem Selbstverständnis Objekte der wissenschaftlichen Neugier blieben, gestand er ihnen mehr Eigenständigkeit zu. In den Gehegen liess er Rückzugsorte einbauen, auch wenn das Publikum die Tiere dann trotz bezahltem Eintritt unter Umständen nicht zu sehen bekam. Informationstafeln, die vor den Käfigen montiert wurden, vermittelten Grundwissen über die ausgestellte Tierart. Dem Publikum wollte er erklären, was die Tiere taten, und nicht nur zeigen, wie sie aussahen. Dadurch machte er sie zu Botschaftern ihrer selbst.

Aare und Wald laden im Fall des Berner Tierparks zum Müssiggang ein. Hier erholen sich die Menschen vom lärmigen und stressigen Leben in der Stadt. Zum Naturerlebnis gehören auch die Zootiere. Später spitzte Hediger diesen Gedanken zu und sprach vom Zoo als «Notausgang zur Natur», weil sich die Menschen immer mehr der Natur entfremden würden.[12] Im Zoo hatten sie die Gelegenheit, aus nächster Nähe in Kontakt mit den Tieren zu treten. Ganz ähnlich argumentierte Schildger, wenn er sich für das Tiererlebnis im Zoo stark machte.[13] In der unmittelbaren, sinnlichen Begegnung sah er den Daseinsgrund des Tierparks. Die Zootiere wurden zu Musen für das Publikum.

Fast alle Berner Tierparkdirektorinnen und -direktoren lehrten an der Universität und ermutigten ihre Studierenden zu Feldstudien vor Ort. Als Meyer-Holzapfel ihre Daten über die damals seltene Nachzucht von Wildkatzen mit der Forschungsgemeinschaft teilte, schaffte es Céline in eine der international angesehensten zoologischen Fachzeitschriften.[14] Dank der nicht abreissenden Zuchterfolge beteiligte sich der Tierpark in den 1960er-Jahren an einem frühen Wiederansiedlungsprojekt von Wildkatzen im Berner Oberland. Mittlerweile gehören solche Auswilderungsprojekte im In- und Ausland zum festen Programm der Zoos. Die europäisch koordinierten Erhaltungszuchtprogramme kamen zu Beginn der 1970er-Jahre auf. Vom Aussterben bedrohte Tierarten sollten in einer weltweiten Zoopopulation, einer Arche Noah gleich, überleben, damit geeignete

Exemplare eines Tages ausgesetzt werden könnten. Indem die Zoos dank der international organisierten Nachzucht auch ihren eigenen Bedarf an Tieren deckten, entlasteten sie nebenbei ihre Budgets. Es war Tiger Igor, der dem Berner Tierpark den Zugang zu den Erhaltungszuchtprogrammen ermöglichte. In den frühen 1980er-Jahren wurde mit Klaus Robin der erste wissenschaftliche Assistent beziehungsweise Adjunkt am Tierpark angestellt. Zeitweise führte er das internationale Zuchtbuch für die Fischotter, was dem Berner Tierpark viel Renommee einbrachte. Die Tiere wurden zu Botschaftern des Artenschutzes.

Nach wie vor haben die vier Aufgabenbereiche eines wissenschaftlich geführten Zoos, die Bildung, die Forschung, der Naturschutz und die Erholung, nichts von ihrer Aktualität eingebüsst, selbst wenn zurzeit der Naturschutz im Vordergrund steht.[15] In den Zoos lernen wir die Lebensräume der Tiere kennen. Wir werden auf ökologische Zusammenhänge aufmerksam gemacht und zwischen dem Schlendern von Gehege zu Gehege für die Auswirkungen des Klimawandels auf die Biodiversität sensibilisiert. Die Tiere halten uns dazu an, sorgfältiger mit den Ressourcen umzugehen und die Natur belastende Verhaltensweisen zu reduzieren. Sie werben für Schutzprojekte, für die der Zoo Geld spendet oder sein Know-how einbringt. Ihr Leben stellen sie in den Dienst der Aufklärung.

Dass die Tiere ihren Einsatz nicht in einer beliebigen städtischen Kulturinstitution leisten, belegen einige wenige, aber umso eindrücklichere Zahlen. 2023 besuchten mehr als 310 000 Personen das Vivarium, wofür sie Eintritt bezahlten.[16] Im selben Jahr dürften mehr als 1,2 Millionen Personen die frei zugänglichen Zoogehege im Wald und am Aareufer begangen haben. Der BärenPark, der ebenfalls in der Obhut des Dählhölzli liegt, empfing nach Schätzungen gut 1,8 Millionen Menschen. Keine andere Kulturinstitution in Bern ist mit einem solch grossen Publikumsinteresse konfrontiert. Das zeigen die Zahlen vergleichbarer Institutionen: Der Jahresbericht von Bühnen Bern für die Spielzeit 2022/23 weist über 137 000 Besucherinnen und Besucher aus (inklusive Gastspiele).[17] 2023 hiess das Naturhistorische Museum Bern 146 860 Gäste willkommen, das zweitbeste Ergebnis in der über 180-jährigen Geschichte des Hauses.[18]

Im Umkehrschluss gilt aber auch: Bleibt das Publikum aus, wird das Dasein der Institution infrage gestellt. Warum sollten noch Subventionen fliessen? Und für wen? Ein Zoo ohne Menschen, das zeigen die Erfahrungen während der Pandemie, empfinden selbst die Zootiere als Zumutung. Als Kulturschaffende sind sie auf ein Gegenüber angewiesen.

KONTAKTZONE ZWISCHEN MENSCH UND TIER

Über Zootiere zu schreiben, verleitet einen dazu, das Eigene, das Vertraute, das Gewohnte und das Zivilisierte zu hinterfragen. Es gibt wohl keine Tierbeschreibung, die nicht auch menschliche Ängste und Hoffnungen auf die Tiere projizieren würde. Im Angesicht der Zootiere verhandeln wir grundlegende Fragen des Menschseins. Das macht den Tierpark zu einem Ort des erhöhten Gesprächsbedarfs, an dem sich inmitten der Tiere Gefühle und Meinungen leicht entzünden.

Wildtiere in Gefangenschaft wecken unser Interesse, weil wir ihnen nahe sein wollen. Dafür benötigen wir einen Rahmen, der beide Seiten voreinander schützt. Wie wir uns begegnen, ist von Belang. Ob der Tierpark das will oder nicht: Er stellt eine öffentliche Bühne dar. Für die Tiere bedeutet dies, dass sie ihr Leben in einer Kontaktzone zwischen Mensch und Tier verbringen. Weil sie existenzielle Fragen zur Diskussion stellen und weil wir uns nach ihnen sehnen, sind ihre Biografien bestens dokumentiert, und zwar zoointern wie öffentlich. Daraus beziehen Zootiere ihren Status als Zeitzeugen. Kafkas Affe hat Recht, wenn er mit Nachdruck darauf beharrte, dass das nicht nichts sei.

FISCHOTTER PETERLI (1938-1941) UND DIE SELBSTBEHAUPTUNG

Um diese Zeit spazieren keine Fussgänger dem Uferweg der Aare entlang, nicht im Dezember, nicht mitten im Krieg. Da Wassermarder weder einen Winterschlaf noch eine Winterruhe halten, ist das nachtaktive Tier hellwach. Es bemerkt sogleich, dass sich jemand der Grube am oberen Ende des Teichs nähert. Von hier unten ist die jenseits der Aare, auf einem Hügel liegende Stadt kaum zu erkennen. Seit über einem Jahr gilt landesweit die Verdunkelung. Der Bundesrat hat sie eingeführt, als Schutzmassnahme vor alliierten Flugzeugen, die das Schweizer Territorium überfliegen, um ihre Bomben über Deutschland abzuwerfen. 77 Mal sollten sie aus Versehen die neutrale Schweiz treffen, was 84 Menschen das Leben kosten wird. Vor ein paar Tagen erst beschloss Japan den Eintritt in den Krieg gegen die Vereinigten Staaten, Grossbritannien und die Niederlanden. Bald würden japanische Flieger die Pazifikflotte der Amerikaner in Pearl Harbor angreifen. Auch die Gegenoffensive der Roten Armee steht unmittelbar bevor, nachdem Hitlers Truppen im Sommer in Russland eingefallen sind. In den Dezembertagen des Jahres 1941 entwickelt sich der Krieg vollends zur globalen Katastrophe.
Vor Eis und Schnee braucht sich der Fischotter nicht zu fürchten. Sein dichtes, braunes Fell schützt ihn vor Feuchtigkeit und Kälte, selbst unter Wasser. Pro Quadratzentimeter besitzen die eleganten Schwimmer rund 50000 Haare, so viele wie kein anderes einheimisches Tier. Ruhelos durchstreift er

in immer gleichen Schlaufen sein kleines, eingemauertes Revier. Er gleitet ins Wasser, klettert die Steine hoch, horcht, gleitet wieder ins Wasser. Ob die unbekannte Person in die Grube blickt, bevor sie dem neugierigen Fischotter den Köder zuwirft? Ohne zu zögern, schnappt dieser nach dem Stück Fleisch. Während er sich mit der Beute in seine Höhle zurückzieht, verschwindet der Unbekannte mit raschen Schritten in der Dunkelheit.

6532 JA-STIMMEN UND GELD AUS MOSKAU

Was lange währt, kommt gut: Mit dieser Formel brachte der Baudirektor Ernst Reinhard die komplizierte Vorgeschichte des Dählhölzli auf den Punkt.[19] Es dauerte Jahrzehnte und bedurfte mehrerer Anläufe, bis die Stadt Bern zu ihrem Tierpark kam. Am Samstag, den 5. Juni 1937 war es so weit. Bei schönstem Wetter besichtigte eine festlich gestimmte Bevölkerung erstmals die «einstigen und jetzigen Tiere der Heimat». Den Besucherinnen und Besuchern wurden fast immer Lebensgemeinschaften präsentiert, wie Reinhard in der Festschrift stolz verkündete.[20] Bern zeigte keine Einzeltiere, sondern Gruppen. Wer entlang dem Aareufer vorbei an den künstlich angelegten Teichen und Freigehegen spazierte, bestaunte Steinböcke, Wildschweine und Fischotter. Wer mochte, betrat die Freigehege mit den Wasservögeln oder jene mit den Huftieren. Den engen Kontakt zu den Hirschen und Rehen schätzte das Publikum sehr. Die Tiere durften mit mitgebrachtem Brot und Gemüseresten gefüttert werden. Vor dem Ponyreiten bildete sich eine lange Schlange.

Afrikanische Säugetiere wie Elefanten, Löwen oder Schimpansen suchte man im Dählhölzli vergebens. Bern hatte sich für einen Tierpark und gegen einen zoologischen Garten entschieden. Für heutige und ehemalige Tiere aus dem heimischen Lebensraum und gegen Tiere aus fernen Ländern. Ganz so rigide wurde das Konzept dann doch nicht umgesetzt. Wer nicht auf exotische Farben und Formen verzichten mochte, stieg zum Wald hoch. Hier, in einem modernen Neubau, «Vivarium» genannt, befanden sich die Aquarien, Terrarien und Volieren. Dieser Teil des Tierparks war kostenpflichtig. Für den Eintritt zahlten Erwachsene 50, Kinder und Militärangehörige 20 Rappen. Zum Vergleich: Ein Cervelat kostete damals 25 Rappen.[21] Für den Preis eines Wurstpärchens ließen sich bunte Vögel und Fische, giftige Schlangen und sonderliche Echsen bewundern. Eine Welt voller Faszination und Schauer. Zu Anschauungszwecken für den Unterricht wurden die fremden Tiere ausgestellt, rechtfertigte Reinhard die Abweichung von der eigentlichen Ausrichtung des Tierparks.[22]

Die ersten Bemühungen um einen Berner Zoo gingen auf das Jahr 1871 zurück, als ein bürgerlicher Verein am Ufer der Aare beim Schwellenmätteli eine Akklimatisationsstation für exotische Tiere errichten wollte, damit diese sich an das hiesige Klima gewöhnen konnten.²³ Nur ein Jahr später löste die Gruppe sich wieder auf, weil man nie über das Stadium hochfliegender Ideen hinauskam. Dasselbe Schicksal widerfuhr der 1924 gegründeten Tiergartengesellschaft Bern. Sie träumte von einem Tierpark in der Elfenau. Den Durchbruch schaffte schliesslich der Natur- und Tierparkverein Bern, auch wenn er mit seinen ursprünglichen Plänen aufgelaufen war. 1930 hatte der Verein die alte Idee, im Park der Elfenau Tiere anzusiedeln, wieder aufgegriffen, stiess damit aber auf den erbitterten Widerstand von Naturschutzkreisen, die den Elfenaupark unverändert bewahren wollten. Angesichts der verhärteten Fronten brachte die Burgergemeinde als Alternative das Dählhölzli ins Spiel. Gleichzeitig signalisierte sie, einen Teil des Waldes, der sich in ihrem Besitz befand, zugunsten des Tierparks abtreten zu wollen. Das Projekt nahm Fahrt auf.

An einer Konferenz im März 1935, zu der die Stadtregierung eingeladen hatte, einigten sich die Parteien auf einen Tierpark, der sich vom Aareufer bis zum Dählhölzliwald erstrecken sollte. Darüber hinaus würde sich die Tierparkverwaltung um den Bärengraben und den Ententeich auf der Kleinen Schanze kümmern. Mit der Projektierung beauftragte die Stadt den Architekten Emil Hostettler und stellte ihm den Stadtgärtner und den Stadtbaumeister zur Seite. In wenigen Monaten entwarf Hostettler die Pläne. Die Behörden hiessen sie im Eiltempo gut, damit sie das Projekt noch am Wochenende vom 28. auf den 29. Dezember zur Abstimmung vorlegen konnten. Die wenigen Stadtberner Männer, die zum Jahresausklang den sonntäglichen Gang an die Urne antraten – die Stimmbeteiligung lag knapp über zwanzig Prozent –, nahmen die Vorlage mit 6532 Ja- gegen 780 Nein-Stimmen an. 96 Abstimmungszettel gingen leer ein oder waren ungültig.²⁴

Zum wuchtigen Ja trug der Umstand bei, dass der Tierpark die Stadtkasse kaum belastete. Gerade mal 79 000 Franken musste sie beitragen, etwas mehr als zehn Prozent der Gesamtkosten von 724 000 Franken. Je 50 000 Franken steuerten der Natur- und Tierparkverein und der Bund bei, 25 000 Franken der Kanton Bern. Den Löwenanteil von 520 000 Franken, rund siebzig Prozent der Bausumme, deckte das Legat von Louis William Gabus ab. Der Uhren- und Schmuckhändler hatte im zaristischen Moskau ein Luxuswarengeschäft geführt. Dank grossbürgerlicher und adliger Kundschaft gelangte er zu Reichtum. Nach seiner Rückkehr in die Schweiz liess sich Gabus auf Schloss Worb nieder. Per Testament vermachte er der Stadt Bern 150 000 Franken – Geld, das für die Errichtung eines Zoos bestimmt war. Da die Stadt seinen Wunsch erst dreissig Jahre später erfüllen konnte, hatte das Legat in der Zwischenzeit hohe Zinserträge abgeworfen. Als die Baukosten den Kredit überschritten, sprang die Stadt ohne viel Aufhebens für den Fehlbetrag von immerhin 141 590 Franken, zwanzig Prozent der ursprünglich budgetierten Bausumme, ein.

VON TIEREN UND MENSCHEN

Nachdem der Tierpark in Rekordzeit projektiert und gebaut worden war, galt es, die Gehege, Käfige und Aquarien mit Tieren zu besetzen. Bis auf einige Büffel und Hirsche, welche die Stadt vom Hirschenpark Engehalde ins Dählhölzli übersiedelte, musste sie den gesamten Tierbestand erst erwerben. Zu diesem Zweck erstellte der Natur- und Tierparkverein Preislisten.[25] Am teuersten waren die Könige der Alpen: Ein Paar Steinböcke kostete 3000 Franken. Ebenfalls viel Geld, nämlich 2000 Franken, nahm man für ein Paar Elche in die Hand. Für zwei zahme Fischotter fand sich ein privater Spender. Darüber berichtete *Der Bund* in einer Zeitungsnotiz mit anerkennenden Worten, nicht ohne anzufügen, dass die «unheimlich gewandten Fischräuber» an der Aare mittlerweile selten geworden seien.[26] Mit 550 Franken zählten die Fischotter zu den wertvollen Tieren. Im Vergleich dazu erwiesen sich zwei Riesenschlangen für zusammen 400 Franken als Schnäppchen.

Laut dem Bestand vom 1. Januar 1938 schuf der Tierpark über 2500 Tiere an: 124 Säugetiere, 31 Reptilien, 1600 Fische, 770 Vögel und zwei Bienenstöcke. Um die Pflege, Fütterung und Reinigung kümmerten sich drei Wärter und zwei Hilfswärter, alle ursprünglich Handwerker oder Hilfsarbeiter, die zwar mit Tieren umzugehen wussten, aber über keinerlei zoologische Kenntnisse verfügten. Nur Oberwärter Werner Schindelholz brachte Erfahrungen mit, da er im Basler Zoo und im Tierpark Arth-Goldau gearbeitet hatte. Eigentlich hätte er in seiner Funktion zusätzlich Verwaltungsarbeiten übernehmen sollen, wozu er weder Lust noch Eignung zeigte, sodass sich die Kassiererin darum kümmerte. Eine Putzfrau und zwei Aushilfen für das Wochenende vervollständigten das zusammengewürfelte Team.

Dem Tierpark stand Tierarzt Paul Badertscher vor. Im Nebenamt. Schliesslich besass er eine eigene Tierarztpraxis, war Pferdearzt auf dem Waffenplatz der Berner Infanterieschulen, wirkte als Amtstierarzt von Bern sowie als Fleischschauer und Ladenkontrolleur in den Metzgereien rund um die Stadt, in denen geschlachtet wurde.[27] Angesichts der Häufung von Funktionen und Pflichten fehlte ihm die Zeit für eine dauerhafte Präsenz vor Ort. Daher überliess er die Pflege und

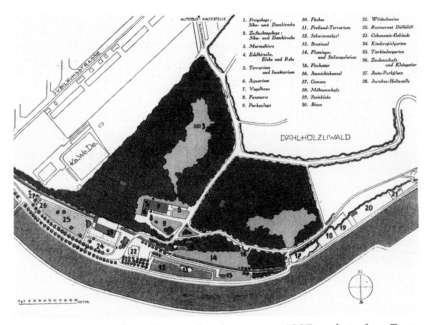

Der erste Plan der Tierparkanlage von 1937 weist den Weg: Wollte der Tierpark wachsen, musste Burgerwald gerodet werden.

Fütterung der Tiere ebenso wie die Festlegung der Arbeitsabläufe den Wärtern. Weder kümmerte er sich um die Zusammenarbeit mit der Stadtgärtnerei, die für die Grünanlagen zuständig war, noch steckte er das Terrain gegenüber der Baudirektion II ab, die administrativ das Personalwesen des Tierparks betreute. Das Führungsvakuum füllte zum einen der zuständige sozialdemokratische Gemeinderat Reinhard aus, der sich ins operative Geschäft des Tierparks einmischte.

Zum anderen wachte der bürgerliche Tierparkverein über das Wohlergehen des Zoos. Auf dem Papier wäre eine Tierparkkommission vorgesehen gewesen, in der die Baudirektion II und der Tierparkverein Einsitz genommen hätten, doch Gemeinderat Reinhard rief das Gremium selten ein. Jeder tat, was er für gut befand.

Vor dem Hintergrund dieser unhaltbaren Zustände fiel den Tierwärtern eine Schlüsselrolle zu. Doch anstatt das Heft in die Hand zu nehmen, stritten sie sich immer verbitterter mit ihrem Oberwärter, bis es um das Jahresende 1937/38 zu Handgreiflichkeiten kam. Oberwärter Schindelholz wiederum focht mit seinem Vorgesetzten Badertscher einen Rechtsstreit aus: Ein notfallmässiger Eingriff des Arztes mithilfe eines Küchenmessers bei der Geburt einer Zwergziege war misslungen. Anschliessend kam es gegenseitig zu ehrrührigen Unterstellungen. Aufgeschreckt durch die ruppigen Konflikte untersuchte die Baudirektion II die Zwischenfälle. Gespräche mit den Betroffenen führte auch der besorgte Tierparkverein. Das wiederum brachte den gesamten Gemeinderat in Rage, schliesslich handelte es sich beim Tierpark um eine Abteilung der städtischen Verwaltung. In den Untersuchungsberichten und Stellungnahmen wimmelt es von Anschuldigungen und Behauptungen.[28] Wer auch immer welche Gemeinheit begangen, wer auch immer den anderen mit Schimpfwörtern eingedeckt haben mochte, so konnte es nicht weitergehen. Schon nach wenigen Monaten drohte der neu eröffnete Tierpark im Chaos zu versinken.

Am 21. April 1938 kam es zu einer Aussprache. Geleitet wurde sie vom freisinnigen Stadtpräsidenten Ernst Bärtschi höchstpersönlich. Am runden Tisch sass eine Delegation des Gemeinderats, eine Delegation des Tierparkvereins, der in einer längeren Eingabe gegenüber Reinhard schwere Vorwürfe erhoben hatte, sowie der angeschuldigte Baudirektor selbst. Die Zusammensetzung verhiess für den Sozialdemokraten Reinhard wenig Gutes, der sich dann auch einiges anhören musste. Zu einer gemeinsamen Bewertung der Ereignisse gelangte die Aussprache nicht, zu unterschiedlich waren die Ansichten. Immerhin sahen alle ein, dass der Tierpark reorganisiert werden musste. Es brauchte einen kompetenten Verwalter, der Vollzeit arbeitete, im Ökonomiegebäude Wohnsitz nahm und für Ordnung sorgte. Von Entlassungen nahm der Gemeinderat Abstand, sodass Reinhard die Kündigung des Oberwärters zurücknehmen musste. Er hatte sie ausgesprochen, nachdem Schindelholz im Rechtsstreit gegen Badertscher unterlegen war. Im Zug einer disziplinarischen Strafe musste Schindelholz aber die Wohnung im Ökonomiegebäude räumen. Zudem wurde er zum Wärter zurückgestuft.[29] Da die Zustände im Tierpark dringlichst einer Lösung bedurften, schrieb die Baudirektion II die Stelle sofort aus. Unter 128 Bewerbern machte der dreissigjährige Heini Hediger, ein habilitierter Zoologe aus Basel, das Rennen, gegen den ausdrücklichen Willen Reinhards. Der Baudirektor hatte sich für einen anderen Kandidaten ausgesprochen, kam damit aber im Gemeinderat nicht durch, weil das Gremium lieber der Empfehlung des Tierparkvereins folgte. Jetzt brauchte es einen ausgewiesenen Fachmann.

Wenn zutrifft, was Hediger Jahrzehnte später in seiner Autobiografie festhielt, geriet sein Empfang in Bern alles andere als herzlich. Am Vorabend seines offiziellen Arbeitsbeginns sass er in seinem neuen Büro, als Tierpfleger Arnold Gasser hereinpolterte und erklärte, er und seine Kollegen würden ihn in die Aare schmeissen, falls er sich in ihre Belange einmische. Bei Bedarf würden sie auch ohne Weiteres streiken.[30] Am nächsten Morgen wurde Hediger bei seinem Amtsantritt weder den Wärtern noch seinem Vorgänger Badertscher vorgestellt, der ja als Tierarzt weiter im Dählhölzli beschäftigt blieb. Auch eine offizielle Übergabe und eine Einführung in den Betrieb blieben aus. Im halbleeren Büro, erinnerte sich Hediger, stand eine defekte Schreibmaschine ohne Papier für die Korrespondenz.[31] Doch von den widrigen Umständen liess er sich nicht unterkriegen. Er, der von Kindsbeinen an Zoodirektor werden wollte, war wild entschlossen, sich in Bern durchzusetzen.

EIN FINDELKIND AM AAREUFER

Auf einem Streifgang entlang der Aare stiess der vierzigjährige Wärter Schindelholz unweit des Tierparks im Juni 1938 auf ein blindes Fischotterjungtier, das höchstens einige Tage alt sein konnte. Normalerweise öffnen die Jungen ihre Augen nach rund dreissig Tagen und verlassen ihre Höhle erst nach zehn Wochen. Daher ist es höchst unwahrscheinlich, dass Schindelholz dem hilflosen Jungtier per Zufall am Wegrand begegnet war. Vielmehr dürfte der Jäger, der über viel Wissen und Gespür verfügte, die Geburts- und Schlafhöhle des Fischotters entdeckt haben. Wie auch immer er zum Jungtier gekommen war, er nahm es nach Hause mit. Dort gab er dem Fischotter den Namen Peterli. Zwanzig Zentimeter gross sei er gewesen und habe gerade mal 220 Gramm gewogen, wird Schindelholz Monate später dem Redaktor des *Bunds* erzählen. Von einem solchen Fund habe er seit Jahren geträumt.[32] Dem Tierwärter gelang die Aufzucht. Das männliche Jungtier gedieh prächtig. Als die Behörden, so berichtete Schindelholz der Zeitung weiter, von der Aufzucht erfuhren, durfte er den Fischotter nach Bittgängen und einem Schreiben behalten.

Wahrscheinlich stammt die Fotografie von Heini Hediger, der Werner Schindelholz im Winter 1938/39 auf einem seiner Spaziergänge mit Peterli ablichtete.

In freier Natur bleiben die zwei bis drei Jungtiere eines durchschnittlichen Wurfs ungefähr ein Jahr bei der Mutter. Sie zieht ihre Jungen allein auf. Von ihr lernen sie die Jagd auf Fische und andere Beutetiere. Ihr Revier erstreckt sich über zwanzig bis vierzig Kilometer, wobei das Weibchen das Territorium gegenüber Rivalen verteidigt. Wesentlich grössere Reviere durchstreifen die männlichen Einzelgänger bei ihrer Suche nach Nahrung.

Im Herbst machten in der Stadt Bern auf einmal Erzählungen die Runde, wonach ein zahmer Fischotter in Begleitung eines Mannes Spaziergänge durchs Kirchenfeldquartier unternehme. Dabei gehorche der Fischotter dem Mann wie ein Hündchen. Diesen Gerüchten ging ein Redaktor des *Bunds* nach. Er stiess auf Schindelholz, der bei schönem Wetter mit Peterli Ausflüge unternahm. Bei den Passanten auf den Strassen weckte das Tier grosses Interesse, auch weil es zutraulich war und sich streicheln liess. «Der Fischotter als Begleiter» war der erste Artikel, der über Peterli erschien.[33]

Bald darauf erschien im *Bund* ein ausführliches Porträt. Peterli war endgültig zum Liebling der Presse geworden. In humorvollverniedlichendem Ton schilderte der Redaktor die Geschichte des «drolligen Lebewesens». Dabei sparte er nicht mit lustigen Anekdoten, die uns heute eher seltsam berühren: «Wenn er nach einem der täglichen Spaziergänge vom Bierglas seines Pflegevaters den Schaum abschlürfen darf, dann glänzen seine pfiffigen Äuglein vor höchster Seligkeit.»[34] Den Frauen springe er gern auf den Schoss, auf dem er «vor lauter Zärtlichkeitsbedürfnis und Kusslust» überfliesse. Weiter erfuhr man, dass Schindelholz dem Fischotter akrobatische Kunststückchen und Jongliernummern mit einem Ball beigebracht hatte. Sobald Peterli zwei Kilogramm zugenommen habe, werde er den «Stuhlnasen-Balancierakt» einstudieren, warb Schindelholz in der Zeitung und doppelte nach: Das alles werde Peterli im Kinderzoo des Tierparks ab dem Sommer öffentlich aufführen. Vielleicht, schloss der Redaktor, werde Peterli schon bald die Sensation des Berner Tierparks sein.

Selbst in den Bus nahm Schindelholz den Fischotter mit. Das scheint verbürgt zu sein. Ob Peterli sich dort gelegentlich auf den Schoss von Bundesrat Giuseppe Motta setzen durfte, wie Hediger in seinen Erinnerungen berichtet, lässt sich nicht überprüfen.[35] Fest steht: Peterli sorgte für Aufsehen.

SCHLÄGE STATT SCHÜSSE

Kaum hatte Hediger seine Stelle angetreten, geriet der Tierpark in eine bedrohliche Lage.[36] In der Umgebung von Bern erkrankten Kühe an der gefürchteten Maul- und Klauenseuche. Da sich die Seuche ausbreitete, ordneten die Veterinärbehörden auf den 1. Oktober 1938 die Schliessung des Tierparks an. Ferner stellten sie die Erschiessung sämtlicher ansteckungsfähiger Tiere in Aussicht. Ein Tierpark ohne Steinwild, Wildschweine und Bisons? Gegen die Anordnungen der Behörden setzten sich die Unterstützer und Gönnerinnen des Tierparks zur Wehr. Offen drohten sie dem Veterinäramt mit Repressalien. Nur aufgrund einer vorsorglichen Massnahme gaben sie ihren Zoo nicht her. Mit Erfolg. Vorderhand blieb es im Dählhölzli ruhig. Am Weihnachtstag zeigten jedoch die Bisons die typischen Symptome der Krankheit. Ausgerechnet in ihrer Nachbarschaft lebten die Wildschweine und das Steinwild. Beide Arten galten als krankheitsanfällig. Zumindest die Erschiessung von elf Bisons, den Wildschweinen und zwei Steinbockpärchen, die äusserst kostbar waren, schien unausweichlich. Es kam wieder anders. Denn die dem Tierpark zu Hilfe geeilten Unterstützer erklärten der Stadt rundweg, sie würden jeden Funktionär, der es wagen sollte, die Tiere zu erschiessen, zusammenschlagen.[37] Im Gegensatz zum Zoo Basel oder jenem in Zürich, in denen die Behörden durchgriffen, geschah in Bern nichts, ausser dass das Steinwild gegen die Seuche geimpft wurde, während die Bisons unbehandelt blieben, weil es damals noch keine Narkosegewehre gab. Die schweren und kräftigen Tiere mechanisch einzufangen und medizinisch zu behandeln, liess man lieber bleiben. Zu Hedigers Überraschung überstanden die Bisons die Krankheit schadlos, und die trächtigen Bisonkühe warfen im Frühjahr gesunde Kälber. Nach überstandener Seuche hatte der Tierpark einzig den Verlust einer Steingeiss zu beklagen.

INFORMATIONSTAFELN UND BEOBACHTUNGSBLÄTTER

So paradox es klingen mag: Die Schliessung war eine Chance. Dem Tierpark entgingen zwar Eintrittsgelder. Diese hätte er angesichts der jährlich 34 000 Franken, die man allein für die Beschaffung des Futters aufbringen musste, gut gebrauchen können. Aber das Ausbleiben des Publikums verschaffte Hediger Luft. Er nutzte die Zeit für Anpassungen im Alltagsbetrieb nach seinen Vorstellungen. Mit Blick auf die Wiedereröffnung führte er eine Neuerung ein, die noch heute weltweit zum Zoostandard zählt. Auf kleinen Tafeln, später in der Fachwelt «Hediger-Tafeln» genannt, hielt er die Namen der im

Gehege ausgestellten Tiere, deren ursprünglichen Lebensraum und typische Verhaltensweisen fest.

Ebenso investierte er in die Öffentlichkeitsarbeit. Seine Maxime lautete: pro Monat einen Zeitungsartikel. Seine Texte und Vorträge über das Verhalten der Tiere oder über Aspekte der Zootierhaltung waren äusserst beliebt und machten ihn zu einem geschätzten Tierfachmann, der sich am Radio, dem damaligen Leitmedium, für den Schutz bedrohter Tierarten starkmachte. Von seiner Arbeit profitierte das Dählhölzi enorm. Die völlig neue Form der Vermittlung trug dem Tierpark viele Sympathien ein. Legendär war der Presseapéro, an dem Hediger einmal im Jahr über Aktuelles aus dem Dählhölzli berichtete.

Professionell arbeiten hiess, den Tierpark nach wissenschaftlichen Kriterien führen. Von jeder Tierart legte Hediger eine Karteikarte an. Darauf vermerkte er, falls bestimmbar, sämtliche Individuen dieser Spezies, indem er Ein- und Ausgangsdatum, Zuchtzuwachs, Geschlecht, Alter, Ankaufspreis, Wert, Herkunft/Donator/Lieferant, Individualmerkmale, Masse/Gewichte, Todesursache, Untersucher, Verkauf/Tausch, Abnehmer und Masse/Gewichte des Kadavers notierte. Auf Beobachtungsblättern hielt er, wiederum für jedes einzeln bestimmbare Tier, Auffälligkeiten, besondere Ereignisse und Krankheiten fest. Die Erfassung verlangte ihm einiges an Schreibarbeit ab. Viele von Hedigers Beobachtungen gingen auf die allmorgendliche Inspektionstour durch den Tierpark zurück, die er pünktlich um 7 Uhr begann. Mithilfe einer Agenda, in der er Tag für Tag Ein- und Ausgänge von Tieren, Geburten, Futterlieferungen und Handelsgeschäfte notierte und über Vorkommnisse berichtete, dokumentierte er zusätzlich den Zooalltag.[38] Aus diesem empirischen Material bezog er Anschauung und Inspiration für seine wissenschaftlichen Texte. Es trug wesentlich dazu bei, dass Hediger zu einem der renommiertesten Zoodirektoren der Welt wurde.

DER ERSTE STAR DES HAUSES

Kurz vor der Wiedereröffnung im Februar 1939 hatte Schindelholz seinen Fischotter dem Tierpark übergeben. Vorderhand war Peterli im Hof des Ökonomiegebäudes untergebracht. Er sollte, sobald es wärmer würde, in die Anlage am Aareufer wechseln, aus der aller-

Die «Volkstümlichkeit», wie Heini Hediger den Rummel um Peterli im Sommer 1939 nannte, kannte keine Grenzen.

FISCHOTTER PETERLI

dings bereits ein Artgenosse auf rätselhafte Weise verschwunden war. Bevor das Tier dort die Nacht verbrachte, wollte der Tierpark daher die Grube baulich besser sichern. Im öffentlich zugänglichen Teil des Tierparks blieb Peterli zu jeder Tages- und Nachtzeit den Launen der Menschen ausgesetzt.

Sogleich zählte Peterli, der Artist unter den Zootieren, zu den absoluten Publikumslieblingen. Lawinenartig habe die Zuschauerzahl zugenommen, konstatierte *Der Bund* Mitte März. Jeden Nachmittag verliess der dressierte Fischotter seine provisorische Behausung hinter dem Ökonomiegebäude und wieselte schnurstracks zum Brunnen neben dem Restaurant des Dählhölzli, wo eine Menschenmenge ungeduldig auf ihn wartete.[39] Wie eine selbstständig gewordene Schraube drehe er sich im Wasser. Obschon gar nicht menschenscheu, müsse der Tierwärter den kleinen Star im Pelzmantel anschliessend in die Grube tragen, anders komme das Tier nicht durch die dicht gedrängte Schar. Einmal in seinem Bassin, vollführe Peterli ein pausenloses Programm: Sprungtauchen, Apportieren, Jonglieren, Fische fangen. Der Journalist war begeistert und mit ihm die Kinder.

Um Peterli entstand ein regelrechter Trubel, sehr zur Freude von Hediger, der sich keinen besseren Werbeträger für den Tierpark hätte ausdenken können.[40] Von der Gunst der Stunde wollte der Tierparkverwalter profitieren. Da die Fischotter, Murmeltiere und Feldhasen in ungeeigneten Anlagen oder provisorischen Käfigen im Ökonomiegebäude untergebracht waren, skizzierte er Pläne für ein Freigehege oben im Wald.[41] Für die Fischotter entwarf er anstelle der Grube einen natürlichen Geländeausschnitt mit Naturboden. Durch eine Glasscheibe, die unter dem Wasserspiegel angebracht worden wäre, hätten sich die eleganten Schwimmbewegungen beobachten lassen. Eine solche Anlage, betonte Hediger, gäbe es bis jetzt in keinem anderen Zoo. Mittels einer öffentlichen Sammlung wollte er die Finanzierung anschieben. Ging es nach ihm, sollte Peterli der Stammvater der Berner Fischotter werden und damit einen Beitrag zum Erhalt der bedrohten Tierart leisten.

Hediger drückte aufs Tempo, weil der Tierpark mit den Schattenseiten der Peterli-Begeisterung zu kämpfen hatte. Sobald der Fischotter unbeaufsichtigt im Becken weilte, neckte ihn das Publikum mit Handtaschen, Hüten, Schirmen oder Stöcken. Zur Animation wurden haufenweise Spielzeuge ins Becken geworfen, Gegenstände, die für den Fischotter oft gefährlich waren. Weder vom eilig montierten Drahtzaun liessen sich die Leute abhalten noch von den Verbotstafeln. Auch nicht vom Stacheldraht. Allzu dreiste Störenfriede verzeigte der Tierpark, wie etwa Fritz Bürki, der mit seinem Spazierstock mehrfach Wasser gegen die Höhle gespritzt hatte. Diesen Tatbestand gab Bürki freimütig zu, nur habe er, verteidigte er sich, das Tier nicht getroffen. Der Fischotter habe nämlich in seiner Höhle geschlafen.[42] Aber auch solche Verzeigungen brachten keine Besserung. Vielmehr sorgten sie in der Öffentlichkeit für Unmut.

Peterlis Grube glich einer steinernen Badewanne. Wer sich tief über das Mäuerchen beugte, konnte den Fischotter fast mit den Fingerspitzen berühren. Aufnahme von 1937/40.

GEISTIGE LANDESVERTEIDIGUNG VERSUS VERHALTENSFORSCHUNG

Eine ganz andere Meinung vom Trubel um den Fischotter vertrat der zuständige Gemeinderat. Er verlangte ein Ende der Vorführungen. Der Sozialdemokrat Reinhard gehörte seit 1936 der bürgerlich dominierten Stadtregierung an. Unter den Genossen zählte er zu den Schwergewichten. Neben seinem Exekutivamt in der Bundesstadt sass der ausgebildete Sekundarlehrer, Sohn eines Hilfsarbeiters und einer Dienstmagd, von 1921 bis 1928 und dann wieder ab 1931 im Nationalrat. An der bedeutungsvollen Revision des Parteiprogramms von 1935, in der die Sozialdemokratie den Passus der Diktatur des Proletariats gestrichen und sich zur militärischen Landesverteidigung bekannt hatte, war er massgeblich beteiligt. Angesichts der faschistischen Bedrohung ging die Sozialdemokratie auf die bürgerliche Mitte zu und schuf mit dem neuen Parteiprogramm eine entscheidende Voraussetzung zum nationalen Schulterschluss. Auf städtischer Ebene hatte die politische Einbindung der Sozialdemokratie schon länger eingesetzt. Auch dafür stand Reinhards Namen.

Wenn sich Baudirektor Reinhard in die Angelegenheiten des Dählhölzli einmischte, tat er das im Sinne der städtischen Botschaft von 1935. Darin war von einem Tierpark mit heimischer Tierwelt die Rede. Das Publikum bekam lebendige Heimatkunde zu sehen. Auf das Konzept des Tierparks wurde in Abgrenzung zu den totalitären Ideologien der Nachbarstaaten, vor allem der nationalsozialistischen Propaganda aus Deutschland, das Selbstbild der Schweiz projiziert. Der Tierpark stand im Dienst der Geistigen Landesverteidigung, wie es im Jargon der Zeit hiess. Gemäss dieser Vorstellung gingen das Staatsverständnis und Wesen der Schweiz auf 1291 zurück, als in der Innerschweiz im gemeinsamen Kampf gegen die Habsburger die Eidgenossenschaft entstanden war. Gerade der Alpenraum mit seiner Fauna stiftete nationale Identität, weil ihm als mythologisch aufgeladener Herkunftsraum der Schweizer Eigenart eine herausragende Rolle zukam. Mit seinen imposanten Hörnern war der kräftige Steinbock der König unter den heimischen Tieren und sozusagen die tierische Ausprägung der wehrhaften Eidgenossen. Beide waren durch den ländlich-alpinen Raum geprägt. Auf sie galt es, sich zu besinnen. Das Konzept des Tierparks gewann an Dringlichkeit, da heimische Tierarten in freier Natur entweder wie der Wolf oder der Braunbär ausgerottet oder wie die Fischotter vom Aussterben bedroht waren. Ende der 1930er-Jahre standen sowohl die Tiere als auch die Menschen unter äusserem existenziellem Druck.

Der Kaufmannssohn Hediger lehrte als Privatdozent an der Universität Basel. Er verstand sich nicht als Verwalter, sondern als Direktor eines wissenschaftlich geführten Zoos, mit dem er Grosses vorhatte. Der politisch gewollten Verengung auf heimische Tiere brachte er wenig Verständnis entgegen, was ihn nicht daran hinderte, bahnbrechende Studien über Feldhasen anzustellen.[43] Erstmalig erbrachte er den wissenschaftlichen Nachweis für das Phänomen der Superfötation. Da eine hochträchtige Häsin vor der Geburt bereits wieder befruchtet werden konnte, war sie imstande, nach der ersten Geburt ohne Anwesenheit eines Männchens von Neuem Jungtiere zu werfen. Hediger entwickelte auch einen Doppelkäfig, der die bis anhin schwierige Zucht von Feldhasen zur Routine machte. Im Tierpark sah der in der Welt herumgekommene Hediger kein Sinnbild für die trutzige Schweiz, sondern einen Ort der Forschung. Deren Erkenntnisse wollte er mit seinen in- und ausländischen Kolleginnen und Kollegen teilen. Schon bald sollte Hediger die exotischen Tiere, vor allem Afrikas Säugetiere, vermissen.[44]

Die zoologischen und weltanschaulichen Differenzen der beiden Alphatiere Reinhard und Hediger prallten mit voller Wucht aufeinander. Verstärkt wurden ihre Differenzen durch den Altersunterschied und die unterschiedliche soziale Herkunft mit ihrem jeweiligen Habitus. In kürzester Zeit eskalierte der Streit. Daraus entwickelte sich eine epische Auseinandersetzung, die alle Belange des Tierparks erfasste und über Jahre den Gemeinderat der Stadt Bern beschäftigte. Stets mittendrin: Fischotter Peterli.

SCHLUSS MIT DEM THEATER

Es begann mit einem Brief der Kriminalpolizei Bern. Darin stellte Polizeikommissar Gygax fest, dass Tierpfleger Schindelholz während der Öffnungszeiten wiederholt mit dem Fischotter spielte: «Wir sind der Ansicht, dass dies unterbleiben sollte, und zwar aus dem Grunde, weil gewisse Personen, die diesem Treiben zusehen, sich bei Gelegenheit ebenfalls erlauben werden, mit diesem Tier zu spielen, es sogar aus dem Teich zu heben und vielleicht zu quälen.»[45] Was Polizeikommissar Gygax im Sommer 1939 befürchtete, war längst Realität. Bereits im Frühling hatte Hediger den Fischotter mit Verbotstafeln und Drahtzaun vor dem Publikum schützen müssen. Das wusste Gygax natürlich, schliesslich hatte er die Sache vor Ort inspiziert. Doch nicht deswegen kam der Brief Hediger in den falschen Hals.[46] Er fühlte sich von der Polizei überwacht, die seiner Auffassung nach im Auftrag Reinhards handelte. Anstatt das Publikum zur Ordnung zu rufen, spionierte sie ihm nach. Das Fass zum Überlaufen brachte der Ratschlag, das Spiel mit dem Fischotter bleiben zu lassen. Ausgerechnet ihm, dem Direktor des Tierparks und Dozenten für Tiergartenbiologie und Tierpsychologie, wollten ein Polizist und ein Baudirektor Anweisungen erteilen, wie mit Zootieren umzugehen sei.

Hediger hätte den Brief beiseitelegen können. Doch er schritt zum Gegenangriff. Für eine positive Mensch-Tier-Beziehung, dozierte er, sei das Spiel elementar, ebenso für die Gesundheit der Tiere in menschlicher Obhut.[47] Er würde es bedauern, müssten Tierpfleger aus Mangel an Zeit oder an Begabung auf das Spiel verzichten. Da er für die Leitung des Tierparks verantwortlich sei, verbiete er sich Einmischungen von oben, die er als vertragswidrig empfinde. Das Geschirr war zerschlagen. Dann brach der Krieg aus.

Nach dem Einfall deutscher Truppen in Polen am 1. September 1939 wurde in der Schweiz die allgemeine Kriegsmobilmachung ausgerufen. Bereits zwei Tage vorher hatte die Bundesversammlung Henri Guisan zum General ernannt. Die Westmächte erklärten Deutschland am 3. September den Krieg. Der Weltkrieg, an dessen Ende über fünfzig Millionen Menschen, die Hälfte davon Zivilpersonen, ihr Leben verloren, war nicht mehr aufzuhalten. In diesen turbulenten Tagen wie in den kommenden Jahren blieb der Tierpark Dählhölzli stets offen. Allerdings mussten die jungen Tierpfleger in den Aktivdienst einrücken, weshalb sie monatelang wegblieben. Der Not gehorchend, sprang Hediger ein, der aufgrund einer Malariaerkrankung vorerst als dienstuntauglich erklärt wurde. Er mistete und fütterte die Tiere. Als er nachträglich doch noch in den Hilfsdienst eingeteilt wurde, fehlte auch er immer wieder über längere Zeit, sodass der Tierpark de facto führungslos war.

DER TIERPARK ALS SCHLANGENGRUBE

Als ob der Widrigkeiten nicht genug wären, häuften sich im Oktober 1939 die Zwischenfälle im Tierpark in einem derartigen Ausmass, dass die ganze Stadt den Kopf darüber schüttelte. Da waren die Wärter, die sich auf ihren Kollegen Schindelholz eingeschossen hatten. Es wurde geflucht und gedroht, beleidigt und unterstellt, sabotiert und zuleide gewerkt, worunter der Betrieb arg litt und infolgedessen

Tiere zu Schaden kamen.[48] Da war Hediger, der Tierarzt Badertscher zum Rücktritt aufforderte, weil der seiner Auffassung nach unzuverlässig arbeitete. Da war Reinhard, der sich nach wie vor in die Aufgabenbereiche des Tierparkverwalters einmischte und für die gegen Schindelholz eingestellten Wärter Partei ergriff. Nach der x-ten Beanstandung legte Reinhard im November Hediger ebenfalls den Rücktritt nahe, entliess einen Wärter und versetzte einen anderen in die Stadtgärtnerei. Aufgeschreckt durch die Massnahmen machten die Presse und der Tierparkverein die Konflikte öffentlich, während der freisinnige Stadtrat Friedli eine Motion einreichte, in der er eine Untersuchungskommission und, solange die Untersuchung andauerte, die Unterstellung des Tierparks unter eine andere Direktion forderte. Im Dezember doppelte Hediger nach und reichte dem Stadtpräsidenten Ernst Bärtschi zuhanden des Gemeinderats eine 55-seitige Eingabe ein, in der er lang und breit die Streitpunkte darlegte. Die Demission lehnte Hediger ab, vielmehr verlangte er eine neue Oberbehörde, da Reinhard jedes Vertrauen verspielt habe. Der Tierparkverein doppelte im Sinne Hedigers mit einer über dreissig Seiten starken Eingabe nach. Es ging drunter und drüber.

Baudirektor Reinhard geriet unter Druck. Die bürgerliche Presse, die bürgerlichen Fraktionen im Stadtparlament und der einflussreiche Tierparkverein stützten Hediger. Sie lehnten eine Entlassung kategorisch ab. Auf die Anschuldigungen reagierte Reinhard mit einer fast hundertseitigen Replik zuhanden des Gemeinderats.[49] Darin forderte er eindringlich die Entlassung des «bürgerlich klassenkämpferisch eingestellten» Hediger, mit dem «eine Zusammenarbeit unmöglich sei».[50] Im Gemeinderat konnte er sich insofern auf die Kollegen verlassen, als diese nichts von einer Untersuchungskommission wissen wollten und die Sache lieber selbst regelten. Allerdings kam für die Stadtregierung eine Entlassung Hedigers nicht infrage. In dieser Sache lief Reinhard zum wiederholten Male auf. Der ausgehandelte Kompromiss sah dann vor, dass sämtliche Wärter, die 1937 angestellt worden waren, gehen mussten.[51]

Mit neuem Personal und neuen Reglementen, in denen die Kompetenzen klarer geregelt waren, sollte im Tierpark endlich Ruhe einkehren. Die Konflikte gingen jedoch sogleich weiter und sollten in der ganzen Ära Hediger anhalten. Schon bei der Frage, wer bei der Anstellung der neuen Tierpfleger das letzte Wort habe, entzündete sich ein Kompetenzgerangel. 1941 kassierte Hediger einen schriftlichen Verweis, weil er sich in Zeitungsartikeln über den Baudirektor kritisch geäussert hatte.[52] Bei der Polemik rund um den «Bärenhandel» ging es um den Verkauf von Jungbären nach Zürich. Zum Ärger von Hediger musste er diesen rückgängig machen, weil die Jungbären für die 750-Jahr-Feier der Stadt benötigt wurden, wofür der Tierparkverwalter kein Verständnis zeigte. Im Mai 1942 drohte der Streit erneut aus dem Ruder zu laufen. Im Sinne eines Beitrags an die Landesversorgung hatte Reinhard vorgeschlagen, Kaninchen auf der Vogelwiese und Nutzgeflügel in den Volieren zu halten, worauf Hediger antwortete, er lehne es ab, den Tierpark in eine Mästerei umzustellen. Die Blossstellung, die in Bern die Runde machte, verletzte Reinhard tief.

RASIERKLINGEN, WÜRFELZUCKER UND GIFT

Im Frühjahr 1940 war Peterli geschlechtsreif geworden. Der nun ausgewachsene Fischotter gehorchte nicht mehr so zuverlässig.[53] Wegen der schlechten Erfahrungen mit dem Publikum, wegen der Intervention der Baudirektion und aufgrund von Schindelholz' Entlassung verzichtete der Tierpark auf weitere Aufführungen. Das zahme und leutselige Tier «verwilderte», auch wenn es nach wie vor herbeieilte, wenn Hediger im Ökonomiehof oder beim Bassin vorbeischaute. Der Popularität des Fischotters tat dies keinen Abbruch. Nach wie vor unterhielt Peterli in seiner Grube die Besucherinnen und Besucher, nach wie vor wurde er ein Opfer von Quälereien. Sei es, dass man ihn mit Gegenständen traktierte oder Rasierklingen in die Anlage warf, sei es, dass man ihn mit rationierten Würfelzucker fütterte, in der Meinung, ihm einen Leckerbissen zu schenken.[54]

Da der Krieg Hedigers Pläne für eine neue Anlage im Wald, in der Peterli nicht so exponiert gewesen wäre, zunichtemachte, blieb der Fischotter im alten Bassin. In der Winternacht vom 4. auf den 5. Dezember 1941 wurde ein vergifteter Köder in die Grube geworfen, am nächsten Morgen fanden die Wärter den Fischotter tot in seiner Höhle. Erst Anfang November war einem Elch dasselbe Schicksal widerfahren. Innerhalb eines Monats verlor der Tierpark sein kostbarstes und sein populärstes Tier.[55] Die traurige Nachricht verbreitete sich in Windeseile. Im *Bund* erschien am 10. Dezember ein Nachruf auf den «spielfrohen Gesellen».[56] Er sei ein richtiger Berner gewesen, hiess es dort. Der Verlust treffe nicht nur den Tierpark, sondern alle, die ihre Freude an ihm hatten. Der Tierpark erstattete Anzeige gegen unbekannt, doch die polizeilichen Ermittlungen blieben ohne Ergebnisse. Obschon die Baudirektion II in einer ersten Reaktion eine restlose Aufklärung der schändlichen Tat versprochen hatte, war im Februar 1942 noch immer nicht klar, woran der Elch und der Fischotter gestorben waren.[57] Die tierpathologische Untersuchung verzögerte sich, weil nicht eruiert werden konnte, an welchem Gift die beiden Tiere zugrunde gingen. Am unbefriedigenden Gang der Ermittlungen änderte eine Anfrage aus dem Stadtparlament nichts. Dafür kursierten in der Stadt Gerüchte, wonach Reinhard die für ihn unangenehmen Ergebnisse der Untersuchung unterdrücke, was reiner Unsinn war.[58]

VEREWIGT IN EINEM ZOOLOGISCHEN KLASSIKER

Ohne Zigarren und Kaffeepulver hätte Hediger das Manuskript «Wildtiere in Gefangenschaft» nie fertiggestellt. Zu später Stunde, wenn die Streitereien verklungen waren, dachte er tastenklopfend über die Theorie und die Praxis der Zootierhaltung nach. Welche Aufgaben hatte ein Zoo zu erfüllen? Was machte eine gute Tierhaltung aus? Wie mussten die Gehege gebaut sein? Anschaulich gab er in seinem Handbuch der Tiergartenbiologie Handlungsanleitungen zu sämtlichen Aspekten der Zootierhaltung. Das Werk war ein Wurf. Nach dem Krieg wurde es 1950 ins Englische, 1953 ins Französische übersetzt. Generationen von Zoodirektoren aus aller Welt orientierten sich am Bestseller, und mit jeder neuen Auflage wuchs Hedigers internationales Renommee.

Wer, wo auch immer auf der Erdkugel, das Buch zur Hand nahm und darin zu lesen begann, stiess gegen das Ende hin auf einen zahmen Fischotter aus Bern, dem übel mitgespielt worden war. Sein trauriges Schicksal belegte, wie wichtig es war, die Tiere vor dem Publikum zu schützen.[59] Auch zur Illustration des Zoomorphismus, das heisst der Tendenz von Tieren, sich dem Menschen anzupassen, griff der Autor auf Peterli zurück: «Bei einem isoliert aufgezogenen Fischotter, der im Bein seines Wärters einen Geschlechtspartner sah, war es überraschend, festzustellen, mit welcher Präzision das angeborene Paarungsverhalten auf dieses Ersatzobjekt übertragen wurde.

Peterlis Begattungsversuch am Bein von Werner Schindelholz hielt Heini Hediger 1940/41 mit seiner Kamera fest.

Offenbar kommt bei der Paarung der Fischotter der Nackenbiss vor; denn das betreffende Fischottermännchen umfasste bei seinen Begattungsversuchen regelmässig das Hosenbein des Wärters und fasste mit den Zähnen eine Falte des Hosenstoffes.»[60]

VOM VERSCHWINDEN DER FISCHOTTER

Nach Peterlis tragischem Ende fühlte sich Hediger verpflichtet, mehr für die Sache der Fischotter zu tun. In Publikationen und Radiosendungen setzte er sich pointiert für den Schutz der arg bedrohten Tierart ein, die völlig zu Unrecht als Fischräuber gebrandmarkt wurde.[61] Laut Messungen im Basler Zoo verschlangen die Fischotter nicht ein Mehrfaches ihres Körpergewichts, wie ständig kolportiert wurde, sondern täglich rund 600 Gramm Futter. Ihr Speisezettel bestand längst nicht nur aus Fischen. Schnecken, Muscheln, Mäuse, Krebse, Spatzen oder Frösche frassen sie ebenfalls.[62] Am meisten ärgerte sich Hediger über die veraltete Gesetzgebung. Noch im Jahr 1951 galt laut Artikel 22 des Bundesgesetzes betreffend die Fischerei von 1888: «Die Ausrottung von Fischottern, Fischreihern und anderen der Fischerei besonders schädlichen Tieren ist möglichst zu begünstigen.»[63] Auf der Grundlage von Artikel 29 wurden so lange Abschussprämien bezahlt, bis der Fischotter aus der Landschaft verschwunden war. Wurden in den 1890er-Jahren alljährlich 100 bis 150 erlegte Fischotter registriert, sank diese Zahl im Zweiten Weltkrieg auf unter zehn Exemplare. Die letzten Prämien wurden 1932 ausbezahlt, danach verlor der finanzielle Anreiz mangels Tieren seinen Sinn.[64]

Erst am 23. Dezember 1952 änderte der Bundesrat das Jagdgesetz dahingehend, dass er Artikel 2 revidierte und den Fischotter auf die Liste der geschützten Tiere setzte, zu einem Zeitpunkt, als dieser nach Hedigers Einschätzung kurz vor der Ausrottung stand.[65] Die Feststellung war umso besorgniserregender, als sich die Fischotter in Gefangenschaft nicht vermehrten. Warum keine Nachzuchten gelangen, konnte Hediger nicht erklären.[66] Über das natürliche Verhalten von Peterli wusste die Zoologie so gut wie nichts. Die heimischen Tiere wurden zwar gejagt, ihre Lebensweise war aber kaum erforscht.

WILDKATZE CÉLINE (1958-1966) UND DIE EMANZIPATION

Flüsternd, hinter vorgehaltener Hand, gibt
man das Geheimnis des Zuchterfolgs weiter.
Doch dann bestellt Tierparkdirektorin Monika
Meyer-Holzapfel den Pressefotografen Walter
Nydegger, den ersten rasenden Reporter auf
dem Platz Bern, zu sich ins Dählhölzli.
Da der Tierpark das Publikum bald über das
freudige Ereignis informieren will, soll
er von den entzückenden Kätzchen Bilder
schiessen.[67] Am Eingang des Vivariums nimmt
die Direktorin den Fotografen in Empfang.
Gemeinsam begeben sie sich zum Doppelkäfig
im Wald, der sich an der Stirnseite zum
Freibad KaWeDe befindet. Dort wartet der
junge Tierpfleger Otto Rupp.
Am 6. Juni 1960 hat die Wildkatze Céline
fünf zwischen 140 und 150 Gramm schwere
Junge geworfen, ein Männchen und vier Weibchen. Ein Riesenerfolg für den Tierpark,
denn die Zucht der scheuen Wildkatzen gilt
als äusserst schwierig. Bis
anhin sind nur vereinzelte Nachzuchten in
Zoos dokumentiert, und dabei handelte es
sich fast immer um einmalige Würfe. Falls
Meyer-Holzapfel die Anzeichen richtig
deutet, würde bald auch die zweite Katze
Junge gebären. Das wäre europaweit einzig-
artig. Käme es gar Jahr für Jahr zu Nachzuchten, würde der Tierpark auf einen Schlag
ins internationale Rampenlicht rücken.
Vorsichtig nähern sich Meyer-Holzapfel und
Nydegger dem Verschlag. Als die Katzen
die Herannahenden bemerken, ziehen sich die
Kleinen in die mit Heu ausgelegte Kiste
zurück, während die angriffige Céline in

gebückter Haltung faucht und die Ohren nach hinten zieht. Langsam legt sie die Pfoten zurecht, bis sie plötzlich am Gitter hochspringt. Mit ihren grünen Augen wirft sie den Störenfrieden drohende Blicke zu. Ob deren «Durchdringungskraft und Wildheit» ist die Direktorin begeistert. Unterdessen eilt Nydegger zur Rückseite des Stalls, um die fünf Katzenjungen in der Kiste zu fotografieren.[68] Nach dem ersten Schnappschuss weist er den Tierpfleger an, er solle die Jungtiere auf seinen Schoss nehmen, was gar nicht so einfach ist. Kurz darauf steigt der Reporter auf seinen Töff. Für jedes abgedruckte Bild bekommt er fünf Franken.[69]

FRAU TIERPARKVERWALTERIN?

Dass Tierparkverwalter Heini Hediger aufgrund der Auseinandersetzungen mit Baudirektor Ernst Reinhard nicht ewig in Bern bleiben würde, war vorauszusehen. Dass er 1944 nach Basel wechselte und dort die Leitung des Zoologischen Gartens übernahm, überraschte dann doch. Auf die im Frühjahr ausgeschriebene Stelle in Bern gingen laut Hediger, der für seine Nachfolge in beratender Funktion beigezogen wurde, zahlreiche Bewerbungen ein.[70] Bei den meisten Bewerbenden handelte es sich um Hunde- und Kaninchenzüchter, Amateurornithologen und Aquarienliebhaber. Am Ende sei nur eine Person infrage gekommen: Monika Meyer-Holzapfel. Auf den 1. Mai 1944 wurde sie von der Baudirektion II zur Tierparkverwalterin ernannt. Als erste Frau in Europa, die einen Zoo führte.

Eine Frau als Zoodirektorin? In der von Männern geführten Stadtverwaltung waren Frauen in Führungspositionen so selten wie die Geburt von Wildkatzen. Im Vorfeld hatte es kritische Stimmen gegeben. Nahm die junge Frau nicht einem Familienvater die Stelle weg? Diesem gängigen Einwand widersprach Professor Fritz Baltzer, der sich in einem Schreiben an den Gemeinderat für seine Assistentin starkmachte, indem er darauf hinwies, dass sie für eine Tochter und ihre alte Mutter sorgen musste und dass bei einer Anstellung im Tierpark ihre alte Stelle an der Universität frei würde.[71] Neben Hediger, daran bestand für ihn kein Zweifel, sei sie «der beste Schweizer Forscher» auf dem Gebiet der Tierpsychologie.

Auch nach der Wahl blieben Zweifel bestehen, ob Meyer-Holzapfel dem Amt gewachsen sei. Auf solche Bedenken reagierte Hediger jeweils mit dem Hinweis auf die Amerikanerin Belle Benchley, die seit 1927 den Zoo in San Diego, Kalifornien, leitete. Zudem erinnerte er die Skeptiker an den Umstand, dass selbst der Berner Bärengraben einst einer Frau anvertraut worden war.[72] So glatt, wie Hediger im Rückblick die Sache darstellte, kam die Anstellung aber nicht zustande. Retrospektiv überschätzte er seinen eigenen Einfluss und stellte sich als Fürsprecher der ungewöhnlichen Kandidatin in ein zu günstiges Licht. Als sich nämlich Meyer-Holzapfel 1944 bei ihm über die Stelle erkundigt hatte, konnte er sich beim besten Willen nicht vorstellen, dass die Baudirektion eine Frau wählen würde.[73] Von seiner Einschätzung liess sich Meyer-Holzapfel nicht beirren und bewarb sich trotzdem. Mehr gab sie zu den Umständen ihrer Anstellung nicht preis.

Bei Stellenantritt war Meyer-Holzapfel 36 Jahre alt und seit gut einem Jahr geschieden. Sie hatte eine kleine Tochter und stammte aus einer assimilierten jüdischen Familie. Tatsachen, die 1944 einer Laufbahn nicht förderlich waren. Unkonventionell waren auch ihre Eltern. Ihr Vater war der in Krakau geborene Kulturpsychologe und Philosoph Rudolf Maria Holzapfel, Begründer des Panidealismus, ihre Mutter war die aus Wien stammende Bildhauerin Bettina Gomperz. Von ihnen übernahm Meyer-Holzapfel das Interesse für Kunst und Musik, ebenso die Affinität zur Lyrik, schrieb sie doch wie ihre Mutter Gedichte.[74] Nach Ausbruch des Ersten Weltkriegs war die Familie endgültig in die Schweiz gezogen, wo sie sich 1935 in Reisiswil einbürgern liess. In Bern und München hatte Meyer-Holzapfel Zoologie, Botanik, Geologie und Mineralogie studiert. 1932 machte sie in Bern das Gymnasiallehrerpatent, ab 1933 arbeitete sie bis zum Stellenantritt im Tierpark als Assistentin am Zoologischen Institut der Universität Bern. Ihre 1938 und 1939 publizierten Untersuchungen über Bewegungsstereotypien bei Säugern und Vögeln, die auf Beobachtungen in den Zoos von Basel, Paris, London und Amsterdam beruhten, stiessen auf internationales Interesse.[75] Zum Instinktproblem leistete sie mit ihrer Analyse des Sperrens und Pickens bei den Staren einen vielbeachteten Beitrag.[76] Als Tierpsychologin der ersten Stunde, die ab 1943 in Bern als Privatdozentin lehrte, wirkte sie in einem neuen Forschungsbereich, der sich dem Verhalten der Tiere widmete.

Allein aufgrund ihrer wissenschaftlichen Kompetenzen wurde sie nicht vom Gemeinderat gewählt. Da spielten andere Überlegungen eine ebenso gewichtige Rolle. Nach Jahren der Konflikte wünschte sich Baudirektor Reinhard eine weniger fordernde Person an der Spitze des Tierparks. Diese Erwartung schien die junge Frau bestens zu erfüllen. Widerstand oder gar Obstruktion traute man ihr nicht zu. Zudem musste sie keinen Aktivdienst leisten und stand dem Tierpark rund um die Uhr zur Verfügung.

BESCHEIDENER JAHRESLOHN, GROSSES ARBEITSPENSUM

Nach über vier Jahren Krieg befand sich der Tierpark in einer schwierigen Lage. Es fehlte an Geld. Da die Futterpreise in die Höhe geklettert waren, ersetzte man Samen, Kerne und südländische Früchte durch billigere Produkte; das begünstigte die an sich schon hohe Tiersterblichkeit weiter. Aus Mangel an Futter wurden einzelne Tiere gezielt geschlachtet. Der Tierbestand dünnte aus, was das Publikum murrend zur Kenntnis nahm. Zwar funktionierte der internationale Tierhandel leidlich, doch es fehlten die Mittel, um Abgänge kompensieren zu können. Deshalb bevorzugten die Zoos den Tausch und boten einander überschüssige Jungtiere an. Auch Privatpersonen traten als Tauschpartner auf. Neben einheimischen Kleintieren, die sie entweder züchteten oder wild einfingen, boten sie hauptsächlich Zierfische und exotische Vögel an. Renovationen von Gehegen und Käfigen wurden, wenn immer möglich, auf bessere Tage verschoben. Baumaterial war knapp und entsprechend teuer. Zum allgemeinen Mangel kamen Personalengpässe hinzu, weil die Tierwärter monatelang im Militärdienst steckten. Mit romantischen Vorstellungen hatte die Stelle im Tierpark nichts gemein.

Allen widrigen Umständen zum Trotz sagte Meyer-Holzapfel der Baudirektion II zu.[77] Weder liess sie sich von der Aussicht entmutigen, an sieben Wochentagen zu arbeiten, noch schüchterten sie die vorangegangenen Konflikte ein. Sie wurde, was durchaus üblich war, vorerst provisorisch für ein Jahr angestellt. Man teilte sie in die Besoldungsklasse V ein, was 7080 Franken pro Jahr entsprach, wobei 1200 Franken für die Miete der Dienstwohnung im Ökonomiegebäude abgezogen wurden.[78] Die verbleibenden 5880 Franken entsprachen laut dem Statistischen Jahrbuch der Stadt Bern von 1944 dem Jahreseinkommen eines Schreiners oder Gipsers.[79] Dieselben Bedingungen hatten für Hediger gegolten, nur stieg der nach dem ersten Probejahr eine Lohnklasse auf, was im Fall von Meyer-Holzapfel unterblieb.[80]

AUS DEM ALLTAG EINES KRIEGSMÜDEN TIERPARKS

Am 24. April 1944, eine Woche vor dem offiziellen Arbeitsbeginn, führte Hediger die neue Verwalterin in ihre Arbeit ein. Als Erstes stand die morgendliche Inspektion durch den Tierpark auf dem Programm, eine Angewohnheit, die Meyer-Holzapfel ebenso fortführte wie alle anderen Gepflogenheiten, die ihr Hediger ans Herz legte: tägliche Einträge in ein Journal, pro Monat einen Zeitungsartikel und alle drei Monate einen Bericht zuhanden des Gemeinderats und des Tierparkvereins. Neben der von ihm hoch gewichteten Pressearbeit verlangte er für jedes Tier eine persönliche Karte, auf der die wichtigsten Angaben vermerkt waren.[81]

Nach zwei Wochen Einführung verabschiedete sich Hediger nach Basel, wo er den ältesten Zoo der Schweiz übernahm. Für Meyer-Holzapfel ging es nun darum, den Berner Tierpark unbeschadet durch den Krieg zu führen. Dies gelang ihr dank ihrer enormen Schaffenskraft. Einen guten Einblick in die täglichen Herausforderungen geben die von ihr vorbildlich geführten Journale. Darin beanspruchten die Mutationen im Tierbestand viel Platz. Praktisch jeden Tag starben Tiere, die ersetzt werden mussten. Beim Blättern in der Agenda staunt man über das Kommen und Gehen. Meistens am Nachmittag studierte Meyer-Holzapfel die Angebote, telefonierte und verhandelte auf der Suche nach preiswertem Ersatz. Für einen Zierfisch bezahlte sie 1947 zwischen vier und zwölf Franken, für eine einheimische Schlange zwischen zwei und drei Franken, während eine nordamerikanische Buntnatter schon vierzig bis achtzig Franken kostete.[82] Für einen Elch wurden 4000 Franken verlangt. Dieser im Vergleich stolze Preis war für das Dählhölzli von Bedeutung, weil der Tierpark für seine erfolgreiche Elchzucht bekannt war. Aus dem Erlös eines Jungtiers liessen sich Lücken im Bestand schliessen. Das gleiche galt für die wertvollen Steinböcke, die für 1500 Franken gehandelt wurden. Zum Vergleich: 1947 kosteten in der Stadt Bern 100 Kilogramm Kartoffeln 25 Franken und 1 Liter Milch 44 Rappen.[83] Exotische Tiere, ob klein oder gross, waren im Verhältnis dazu teuer.

Viel Arbeitszeit steckte Meyer-Holzapfel in die Beschaffung des Futters. Die Kosten hatten sich im Krieg nahezu verdoppelt. Oft entsprach die Qualität nicht den Erwartungen. Rund 50 pflanzliche und 25 tierische Futterarten galt es zu beschaffen. 1947 kaufte der Tierpark 18 000 Kilogramm Heu und Emd, 800 Kilogramm Hafer, 650 Kilogramm Mais, 200 Kilogramm Gerste, 100 Kilogramm Weizen, 500 Kilogramm Pferdemischfutter, 1000 Kilogramm melassierte Kornspreuer, 1800 Kilogramm Kleie (Chrüsch), 1300 Kilogramm Kastanien und Eicheln, 700 Kilogramm Kartoffeln, 10 000 Kilogramm Futter- und Pfälzerrüben, 1600 Kilogramm Futterfische, 80 Kilogramm Kanarienmischfutter, 400 Kilogramm Kanariensamen, 500 Meerschweinchen, 120 Ratten, mehr als 1400 Mäuse und 700 Frösche.[84] Mit diesen Mengen wurden 163 Säugetiere in 27 Arten, 693 Vögel in 144 Arten, 69 Kriechtiere und Lurche in 32 Arten, 348 Fische in 49 Arten und 70 Wirbellose in 9 Arten verpflegt. Gesamthaft versorgten die sechs Wärter 1343 Tiere in 261 Arten. Für das medizinische Wohl der Tiere sorgte nach wie vor der im Nebenamt beschäftigte Tierarzt Paul Badertscher. Eine Kassiererin und eine Hilfskassiererin rundeten das neunköpfige Dählhölzli-Team um Meyer-Holzapfel ab.

Seit der Eröffnung des Tierparks hatten sich dessen Betriebsausgaben vervielfacht, sodass die Erträge aus den Eintritten und dem Ponyreiten 1947 noch einen Fünftel der Kosten abdeckten. Den Rest steuerte die Stadt Bern bei, die selbst knapp bei Kasse war. Deshalb beschränkte sich das Dählhölzli nach Kriegsende auf das, was es immer schon zu bieten hatte. Zu den Attraktionen zählte neben dem Ponyreiten das Füttern und Streicheln der Tiere. Der direkte Kontakt in den Freigehegen war äusserst beliebt. Am Sonntag suchten Väter und Mütter mit ihren Kleinen die Gehege auf, wobei sie ihren Lieblingen Futtermittel von zu Hause mitbrachten, mitunter von zweifelhafter Qualität: Eine Butterschnitte für den Büffel, ein Wienerli für das Pony sorgten am Montag für Magenverstimmungen.[85] Vor einem Fütterungsverbot schreckte der Tierpark jedoch zurück, weil er die negativen Reaktionen des Publikums fürchtete.

EIN VORBILD FÜR DIE FRAUEN

In der Öffentlichkeit schuf sich Meyer-Holzapfel rasch einen Namen, weil sie Ruhe in den Tierpark brachte, mit psychologischem Geschick ihre Dienstanordnungen durchsetzte und zur Baudirektion II eine konfliktfreie Beziehung unterhielt, auch wenn sie als Bittstellerin oft auflief. Gern gesehen war sie auch bei den Frauenorganisationen. Sie sahen in der jungen Verwalterin und Wissenschaftlerin ein Vorbild. Für diese Wahrnehmung steht beispielhaft ein Porträt über Meyer-Holzapfel, das unter der Rubrik «Ungewöhnliche Frauenberufe» im *Bund* erschien.[86] Darin zeichnete die Journalistin das Bild einer arbeitsamen, pflichtbewussten und gelehrten Frau. Von morgens früh bis abends spät kümmere sie sich um alle Belange des Tierparks. Dabei verbringe sie viel Zeit in ihrem Büro mit dem Bärenfell am Boden und dem ausgestopften Wiedehopf auf dem Schreibtisch. Trotz des hohen Pensums bereite ihr die Arbeit grosse Freude.

Das Bild der fleissigen, alleinerziehenden Tierparkverwalterin stand im Widerspruch zum gängigen Rollenbild der 1950er- und 60er-

Jahre.[87] Nach diesem Verständnis wirkte die Frau in erster Linie als Hausfrau und Mutter, während dem Mann die Rolle des Ernährers zufiel. Selbst die von über hundert Frauenorganisationen durchgeführte Schweizerische Ausstellung für Frauenarbeit (Saffa) von 1958 rüttelte nicht an diesen Rollenmustern. Ihren Besucherinnen präsentierte die «Frauen-Landi» ein modernes Dreiphasenmodell: Auf die Erwerbstätigkeit vor der Heirat folgte die Mutterschaft. Waren die Kinder flügge, kehrte die Frau ins Erwerbsleben zurück. Ihrer Zeit war Meyer-Holzapfel weit voraus.

DAS DÄHLHÖLZLI ALS ARCHE NOAH FÜR EINHEIMISCHE TIERARTEN

Vorerst punktuell rückte für «Frau Professorin», wie sie in der Korrespondenz angeschrieben wurde, der Um- und Ausbau des Dählhölzli in den Fokus. Es galt, die baufälligsten Gehege zu ersetzen. Gegen Ende der 1950er-Jahre folgte eine erste Erweiterung im Bereich des Waldes hinter dem Vivarium. Zu den ersten Anschaffungen zählten 1958 ausgediente Käfige, welche die burgerliche Forstverwaltung dem Tierpark zu günstigen Konditionen angeboten hatte.[88] In einem Doppelkäfig von je der Grösse einer kleinen Hütte mit einer Bodenfläche von rund vier Quadratmetern quartierte Meyer-Holzapfel Wildkatzen ein.

Ihre Wahl erfolgte mit Bedacht. Hierzulande waren die Wildkatzen ausgerottet, auch wenn Einzeltiere aus dem Burgund und dem französischen Jura sporadisch Schweizer Boden durchstreiften. Die höchst gefährdeten Tiere fanden im Tierpark eine Arche, auf der sie überleben konnten, bis man sie eines Tages wieder aussiedeln würde. Die zeittypische Vorstellung des Zoos als Arche ging im Fall von Meyer-Holzapfel auf den schwedischen Tierschützer Bengt Berg zurück. Er hatte ihr einen geharnischten Brief geschrieben und sie darin aufgefordert, endlich etwas gegen das Verschwinden der Tierarten zu unternehmen.[89] An Willen fehlte es ihr nicht. Hartnäckig füllte sie ihr Schiff mit bedrohten Arten. 1949 hatte sie die neue Fischotteranlage eingeweiht, in der ein Exemplar aus Polen lebte, da sich in der Schweiz kein Tier auftreiben liess. Die Wildkatzen fanden 1958 Unterschlupf. 1959 folgten die Wisente und Biber; Erstere waren längst aus den heimischen Wäldern verschwunden, Letztere so gut wie ausgestorben. Noch im selben Jahr eröffnete Meyer-Holzapfel neue Volieren für Raubvögel. Als deren stolzeste Bewohner zogen die seltenen Uhus ein, später die in der Schweiz ausgerotteten Lämmergeier. Nach der Verabschiedung des Bundesgesetzes über Jagd und Vogelschutz von 1962, das neben einer Reihe von Tierarten neu auch den Bär unter Schutz stellte, engagierte sich Meyer-Holzapfel für

Der Tierpark als Arche: Diese Strategie löst die undatierte Ansichtskarte mithilfe von Fotomontage ein. In Wirklichkeit verlangte der Schutz der heimischen Fauna Monika Meyer-Holzapfel grosse Anstrengungen ab.

dessen Wiederansiedlung im Nationalpark. Hierfür könnte, so ihr Vorschlag, der Bärengraben Aussiedler zur Verfügung stellen.[90] Diese Idee brachte ihr aus Jägerkreisen und dem Kanton Graubünden gehässige Reaktionen ein. Das Projekt liess sich nicht realisieren, was Meyer-Holzapfel nicht daran hinderte, an ihrer Arche-Strategie festzuhalten: 1965 zogen Luchse, 1967 Wölfe in den Tierpark ein.

DREI WILDFÄNGE AUS BOSNIEN

Da 1958 niemand in der Schweiz Wildkatzen «auf Lager» hatte, wandte sich die Tierparkdirektorin an den österreichischen Tierhändler Ambros Halbritter. Dieser hatte während des Zweiten Weltkriegs in Jugoslawien und Rumänien gekämpft, in Gegenden, in denen es nach wie vor Wildkatzen gab.[91] Vielleicht pflegte Halbritter ja Kontakte zu dortigen Jägerkreisen. Tatsächlich bot er ihr nach wenigen Wochen drei Wildfänge aus Bosnien an: einen Kuder, also ein männliches Tier, und zwei halbjährige Katzen. Am 30. Oktober 1958 traf die kostbare Fracht per Eisenbahn in Bern ein. Während die Kätzchen aus der Holzkiste schlüpften und sich im Käfig versteckten, weigerte sich der Kuder hartnäckig, sein Versteck zu verlassen, sodass den Tierpflegern nichts anderes übrigblieb, als die Holzkiste mit Stemmeisen aufzubrechen.

Sogleich bestellte der Tierpark bei der Seilerei Denzler in Zürich ein Fangnetz. Anders war der Kuder Moritz nicht zu bändigen. Auch die halbwüchsigen Katzen kratzten und bissen, sobald ihnen der junge Tierpfleger Rupp zu nahe kam. Da die Hütten für drei Katzen viel zu klein waren, wurden an beide Käfige Volieren von drei mal vier Meter angebaut. Als weitsichtig erwies sich das Anbringen von Schlafkisten an der oberen Rückwand, in welche sich die Tiere durch eine schmale Öffnung zurückziehen konnten. Die Kisten liess Meyer-Holzapfel anfertigen, weil sie um das Rückzugsbedürfnis der scheuen Tiere wusste und selbst miterlebt hatte, wie der Kuder um keinen Preis den Transportbehälter verlassen wollte.

Als «erste europäische Wildkatzen in einem schweizerischen Tiergarten» pries Meyer-Holzapfel die Tiere an.[92] Im Presseartikel, der in den diversen Lokalzeitungen abgedruckt wurde, schrieb sie irrtümlicherweise, die Katzen stammten aus Rumänien. Das macht deutlich, wie wenig sie über deren Herkunft wusste. Bis auf die vagen Angaben des Tierhändlers, die sich nicht überprüfen liessen, hatte sie keine Ahnung, wo und unter welchen Umständen die Tiere der Wildnis entnommen wurden. Deswegen konnte das Alter der Wildkatzen nur geschätzt werden. Kuder Moritz war ausgewachsen, kräftig und laut dem Tierhändler rund eineinhalb Jahre alt. Die halbwüchsigen Katzen Céline und Sabine zählten fünf oder sechs Monate und gingen aus einem gemeinsamen Wurf hervor.

Aus Sicherheitsgründen blieb Moritz vorerst von den jungen Weibchen getrennt. Während der Eingewöhnung vermied der Tierpark jedes Risiko, zu kostbar waren die seltenen Tiere. Anfang 1959 impfte Tierarzt Badertscher die Wildkatzen gegen Katzenseuche. Nachdem der Eingriff ohne Komplikationen abgelaufen war, wurde Moritz am Nachmittag des 13. Februar erstmals zu den Katzen gelassen, abends musste er aber wieder in seine Hütte. Die mit Spannung erwartete Zusammenführung markierte Meyer-Holzapfel in ihrer Agenda mit Rotstift, vielleicht, weil sie ab jetzt die Tage zählte. Doch es geschah nichts. Dafür magerten Céline und Sabine im März ab, was den Tierarzt auf den Plan rief. Den beiden Weibchen verordnete er zwei Löffel Lebertran. Anfang April miauten die Katzen derart kläglich, dass der Kuder auch nachts bei den Wildkatzen bleiben durfte. Ohne Folgen, ausser dass die Katzen weiter abmagerten. Jetzt verschrieb Badertscher Milchbrocken mit Schwarzbrot. Von der Milch wollten Céline und Sabine aber nichts wissen. Als im Kot des Kuders ein Spulwurm entdeckt wurde, wechselte der Tierarzt von den Hausmittelchen zur Chemie, genauer zu Uvilon, einem Medikament von Bayer. Eine Woche später wiederholte er die Entwurmungskur. Das präparierte Futter verschlangen die Wildkatzen heisshungrig, egal, ob sie nun Tauben, Meerschweinchen, gehacktes Herz oder Lunge angeboten bekamen. Eine Zeit lang waren sie parasitenfrei, bis Rupp neue Spulwürmer aufspürte. Die nächste Wurmkur stand an. So ging es das ganze Jahr über. Anfang 1960 stiess man bei einer Analyse des Kots zusätzlich auf Ascarideneier. Zur Bekämpfung des Parasiten entschied sich Badertscher für einen Teelöffel Piperazin für jede Katze, beigemischt im gehackten Pferdefleisch. Derweil führte Meyer-Holzapfel akribisch Tagebuch: Jeden Befund, jede ergriffene Massnahme notierte sie Tag für Tag in ihre Agenda.

IM RAMPENLICHT

Wenn die Tierparkdirektorin eine Besuchergruppe durch das Dählhölzli führte und bei dieser Gelegenheit die Wildkatzen aufsuchte, sprach sie nie über die Parasiten. Laut dem Notizzettel, den sie jeweils zur Hand hatte, schnitt sie andere Themen an: «Ausrottung in der Schweiz auf Jäger zurückzuführen, die sie zu Unrecht als Jagdschädling verfolgten. Wildkatze ist hauptsächlich Mäusevertilger und daher sehr nützlich. Schwer zähmbar. Nicht Stammform der

Hauskatze, die von syrischer Falbkatze stammt. Diese prädisponiert zum Zahmwerden. Hauskatze relativ junges Haustier in Europa, fehlt in Pfahlbauersiedlungen. Demonstration: Fütterung von Mäusen.»[93]
War sie mit Studierenden unterwegs, demonstrierte Meyer-Holzapfel, was es mit der kritischen Distanz auf sich hatte.[94] Sie trat

Célines Nachwuchs auf dem Schoss des jungen Tierpflegers Otto Rupp, August 1960. Eines der Weibchen verstarb kurz darauf. Als Todesursache wurde ein hochgradiger Wurmbefall diagnostiziert.

ans Gitter heran, bis die Tiere die Ohren nach hinten legten, fauchten und den Buckel machten. Wären sie in freier Wildbahn, dozierte die Tierpsychologin, würden die Wildkatzen beim Überschreiten der kritischen Distanz die Flucht ergreifen. Da dies hier nicht möglich sei, würden sie ihre typische Drohreaktion zeigen. Ginge sie jetzt einen weiteren Schritt auf die Katzen zu, würden diese aus Not angreifen und am Gitter hochspringen. Wer zweifelte, zuckte kurz darauf erschrocken zusammen.

Im Sommer 1960 stellte Céline die Schreibroutine der Tierparkdirektorin auf den Kopf. Nicht Spulwürmer, die nie verschwanden, füllten plötzlich die Agendaeinträge, sondern ein aufregendes Ereignis. Am 6. Juni warf Céline «1,4 blinde, beharrte Kätzchen», was gemäss der zoologischen Schreibweise nichts anderes hiess, als ein männliches und vier weibliche Jungtiere. Da es zur Aufzucht von Wildkatzen keine Literatur gab und der Wissensstand rudimentär war, dokumentierte Meyer-Holzapfel die Entwicklung der Jungen sehr genau. Noch wagte sie es nicht, die Kätzchen regelmässig zu wägen und zu untersuchen, aus Angst, das gestresste Muttertier würde ihre Jungen auffressen, eine bei Katzen gängige Verhaltensweise. Über die Bedeutung der Nachzucht war sich die Direktorin von Beginn weg im Klaren. Sollten sich die Zuchterfolge wiederholen, würde das dem Tierpark innerhalb der europäischen Zoos viel Renommee einbringen.

Tatsächlich dauerte es nur zwei Monate, bis das zweite Weibchen Sabine ihrerseits 1,4 Kätzchen gebar. Diesmal wurden die Jungtiere von Beginn weg gewogen, vermessen und untersucht. Systematisch erhob Meyer-Holzapfel Daten zum Wachstum und zur Entwicklung der jungen Katzen und übertrug sie in Tabellen. Endlich liessen sich verlässliche Angaben zur Nachzucht von Wildkatzen erfassen. Ein Protokoll aus dem Jahr 1960 veranschaulicht den Futterbedarf der Wildkatze Céline und ihrer kaum entwöhnten fünf Jungen: Am 3. Juli verschlangen sie Ratten und zwölf Mäuse, am nächsten Tag Ratten und zwölf Spatzen, dazu tranken sie Milch.

TIGERLI ODER WILDKATZE?

Auf Distanz und von blossem Auge sehen sich Wildkatze und getigerte Hauskatze zum Verwechseln ähnlich. Wildkatzen sind im Allgemeinen leicht grösser, haben einen kurzen, buschigen Schwanz und weisen eine verwaschene Tiger-Fellzeichnung mit einem schwarzen, durchgehenden Rückenstreifen auf. Spätabends im Büro beschäftig-

Monika Meyer-Holzapfels Zeichnungen und Kommentare in der Agenda vom 27. Oktober 1960 machen deutlich, dass sich die Schwanzspitzen und Sohlen ihrer Kätzchen nicht auf einen Nenner bringen lassen.

te sich Meyer-Holzapfel mit den Finessen der Fellzeichnung. Laut Hedigers populärer Radiosendung «Jagdzoologie» besassen Wildkatzen an den Hinterfüssen einen schwarzen Sohlenfleck, Hauskatzen hingegen einen schwarzen, langen Streifen.[95] An der Anzahl der vollständig vorhandenen schwarzen Ringe am Schwanzende, drei bei den Wildkatzen, mehr als drei bei den Hauskatzen, liess sich ebenfalls erkennen, um welche Tierart es sich handelte. Meyer-Holzapfels Überprüfung an den Wildkätzchen zeigte, dass diese Unterscheidungsmerkmale nicht eindeutig waren, weil sich bei den Fellzeichnungen ihrer Probanden kein Muster herauskristallisierte.

EIN LEBEN FÜR 34 KÄTZCHEN

Am 9. März 1961 beobachtete Meyer-Holzapfel eine während der Ranzzeit, der Paarungszeit der Wildkatzen, typische Szene, die sie in ihrer Agenda festhielt.[96] Zum ersten Mal wohnte sie einem Deckversuch des Kuders bei. Dieser fasste Céline am Nacken. Danach rollte sich die Katze «kokett» vor ihm am Boden, wobei beide laut «rrr» miauten. Dann legte sich Céline flach auf den Bauch. Als sich Moritz näherte, haute sie ihm eins mit der Pfote. Als sie eine Zeitlang auf dem Rücken lag, packte er sie mit dem Maul, ohne dass es zur Kopulation kam.

In freier Wildbahn leben Wildkatzen einzelgängerisch in Revieren, die sie mit Duftmarken aus Harn kennzeichnen und in denen sie ein Leben lang bleiben.[97] Während die Weibchen durchschnittlich zwei bis fünf Quadratkilometer durchstreifen, umfasst das Territorium der Männchen bis zu zwölf Quadratkilometer und überschneidet sich mit mehreren weiblichen Revieren. Zur Ranzzeit von Januar bis März kommen die Tiere unter weitherum hörbarem Geschrei zusammen. Um den Nachwuchs kümmert sich ausschliesslich das Weibchen. Mit rund fünf bis sechs Monaten verlassen die Jungen die Mutter im Herbst und machen sich auf die Suche nach einem eigenen Revier. Eine heikle Lebensphase: Viele Jungtiere verhungern im Winter oder fallen dem Strassenverkehr zum Opfer. Falls sie ein Revier finden und erfolgreich besetzen, pflanzen sie sich im zweiten Lebensjahr fort. In freier Natur werden sie bis zu zehn Jahre alt.

Am 2. Juni 1961 warf Céline zum zweiten Mal. Am Nachmittag kamen in einer Harasse am Boden drei Jungtiere zur Welt. Ein viertes steckte fest. Zu sehen waren nur die Hinterbeine, doch die Austreibung ging nicht weiter, weshalb Céline immer wieder miaute. Trotz ihrer misslichen Lage säugte sie die drei lebenden Jungen. Am Abend fingen die Tierpfleger Rupp und Mast Céline mit dem Netz ein und zogen das tote Kätzchen heraus. Während die Mutter im Netz lag, wurden die Jungen gewogen und vermessen. Über Nacht gebar die Wildkatze in der Schlafkiste weitere vier Junge und transportierte die ersten drei von der Harasse hoch in ihr Versteck, sodass Rupp am Morgen sieben Kätzchen bei der Mutter fand. Nach acht Tagen öffneten die ersten ihre Augen, nach einem Monat sah Meyer-Holzapfel sie erstmals draussen spielen.

Seine Jungtiere gab das Dählhölzli an Zoos im In- und Ausland ab, wobei die Nachfrage das Angebot überstieg. Drei Kätzchen von Célines erstem Wurf wurden an den Zoo Basel verkauft, drei Weibchen von Sabine nach Köln, ein Männchen nach Westberlin. Der Transport in die Bundesrepublik erfolgte via Kloten mit der Swissair. Für die Tiere bekam der Tierpark einen guten Preis. Im Verwaltungsbericht der Stadt Bern von 1961 wies er aus dem Verkauf von Tieren einen Gesamtertrag von 13 328.95 Franken aus.[98] Ein wesentlicher Anteil davon ging auf die Wildkatzen zurück.

Für die Haltungsbedingungen in Bern begannen sich Fachkollegen zu interessieren, weil sie wissen wollten, worauf der Erfolg des Tierparks fusste. Eine solche Anfrage kam aus dem Zoo Bratislava. Für ihren Kollegen in der Tschechoslowakei fertigte Meyer-Holzapfel eine Skizze des Wildkatzengeheges an. Sie hob die Bedeutung der Schlafkisten hervor, empfahl Wurmkuren und meinte, der Zuchterfolg in Bern sei auch darauf zurückzuführen, dass die Zuchttiere als Jungtiere ins Gehege kamen und sich gut eingewöhnt hatten.[99] Aus der Korrespondenz entwickelte sich eine Zusammenarbeit, sodass Bern aus Bratislava 1964 zur Blutauffrischung drei Wildkatzen bezog.[100]

Selbst das Schweizer Radio bekam 1961 die Zuchterfolge des Berner Tierparks mit. In der Schulfunksendung «Wisente und Wildkatzen» erklärte die Tierparkdirektorin den Kindern, dass die Schlafkisten besonders wichtig seien.[101] Ausführlich erzählte sie von Céline, der Katze mit dem weissen Kehlfleck, die in zwei Jahren dreizehn Junge geboren habe. Da Céline als Halbwüchsige nach Bern gekommen sei, habe sie sich rasch an die Gefangenschaft gewöhnt. Daneben lobte die Direktorin die Fangkünste ihrer Tierpfleger und beteuerte den Kindern gegenüber, dass dies Mut brauche. Aus Angst würden die wild fauchenden Katzen den Pflegern auch mal an den Kopf springen. Ohne Handschuhe könnten diese nicht mit den Tieren hantieren. Bis zu ihrem Tod gebar Céline jedes Jahr, ausser 1964. In sieben Jahren brachte sie 34 Kätzchen zur Welt, wobei die Hälfte der Jungen überlebte. Da Sabine und eine aus Bratislava zugekaufte Katze namens Tatra nicht minder fruchtbar waren, tummelten sich zu Spitzenzeiten bis zu 18 Tiere im Doppelkäfig, weshalb hinter dem Ökonomiegebäude, ausserhalb des Publikumsbereichs, ein weiterer Käfig aufgestellt wurde. Da mittlerweile auch andere Zoos Zuchterfolge meldeten, suchte Meyer-Holzapfel immer länger nach Abnehmern für ihre Wildkatzen. So einfach brachte sie die Tiere nicht mehr los.

AUSSIEDLUNGSVERSUCHE OB DEM BRIENZERSEE

1959 veröffentlichte der Zoologe Hans Zollinger in der Zeitschrift *Schweizer Naturschutz* einen Aufsatz mit dem Titel «Die Wildkatze in der Schweiz ausgestorben?».[102] Nach eingehenden Recherchen kam Zollinger zum Schluss, dass in der Umgebung von Genf und im Jura noch einzelne Exemplare lebten. Ohne sofortige Schutzmassnahmen würden aber auch in diesen Grenzregionen die Wildkatzen rasch verschwinden. Hediger war pessimistischer. Er ging davon aus, dass die Tiere in der Schweiz ausgerottet waren. Dafür verantwortlich machte er die Jagd, da Wildkatzen fälschlicherweise als Jagdschädling galten. Von einer Wiederansiedlung, wie sie Zollinger ins Spiel brachte, hielt er nichts. Seiner Meinung nach lebten in den Wäldern viel zu viele verwilderte Hauskatzen. Da die Katzenarten bastardierten, wandte Hediger ein, würden die Wildkatzen in den Hauskatzen genetisch aufgehen.[103] Bald gäbe es nur noch Hybriden, oder eben Bastarde, wie Hediger die Kreuzungen bezeichnete.

Trotz der Skepsis von prominenter Seite drängten die Lehrer Rolf Hauri aus Längenbühl bei Thun und Hans Herren aus Bern auf eine Aussiedlung, bevor es zu spät war. Mit dem Einverständnis der Behörden organisierten sie in den schneearmen Abhängen des Brienzersees am Rand des eidgenössischen Bannbezirks Augstmatthorn auf einer Höhe von rund 780 Metern über Meer einen Wiederaussetzungsversuch.[104] Die Tiere stammten zum einen aus dem

Burgund, zum anderen aus dem Tierpark, der vorerst eine Katze beisteuerte. Zwischen 1962 und 1963 wurden neun Tiere ausgesetzt, vor und nach einem harten Winter, in dem gar die Seen der Schweiz zufroren. Vielleicht lag es an den eisigen Temperaturen, dass die Wildhüter die ausgesetzten Wildkatzen rasch aus den Augen verloren. Von ihnen fehlte jede Spur. Offensichtlich war das Experiment gescheitert.

Zwischen 1966 und 1967 wiederholten die beiden Lehrer die Wiederansiedlung: Diesmal entliessen sie zehn Wildkatzen in die Wildnis, davon neun aus dem Tierpark. Bis auf ein paar Spuren in den ersten Wochen und Monaten nach der Aussetzung und Rückmeldungen aus der Bevölkerung von zweifelhafter Glaubwürdigkeit liessen sich keine weiteren Lebenszeichen nachweisen. Die ganze Aktion sei, resümierte Tierpfleger Fred Sommer, «vermuetlech für d Chatz gsy».[105] Dass sich der Tierpark am Versuch beteiligte, hatte einerseits mit der Tatsache zu tun, dass er auf seinen Wildkatzen sitzen blieb. Andererseits entsprach die Aussiedlung Meyer-Holzapfels Arche-Strategie.

DIE RÜCKKEHR DER WILDKATZEN

Was in den 1960er-Jahren nicht gelang, geschah Jahrzehnte später von allein. Still und leise kehrten die Wildkatzen in die Wälder zurück.[106] Heute leben die meisten von ihnen im Jura, aber auch im Mittelland und im nördlichen Voralpengebiet werden sie gesichtet. Die unauffällige Rückeroberung heimischer Gebiete erfolgte aus dem Sundgau und dem Burgund, wo die Tiere nie ganz ausgerottet waren.

Für das Monitoring des Wildkatzenbestands in der Schweiz werden Lockpfähle in den Waldboden eingeschlagen und mit Baldrian besprüht. Dem Duft können die Katzen nicht widerstehen. Genüsslich reiben sie ihr Fell am aufgerauten Pfahl. Nach der Liebesbekundung bleiben Haare hängen. Sie genügen als Material für einen Gentest, mit dem sich bestimmen lässt, ob es sich im vorliegenden Fall um eine reinrassige Wildkatze handelt oder nicht.

Das Wildkatzenmonitoring Schweiz ging 2020 von einem Bestand von über tausend Tieren aus.[107] Herausfordernd bleibt die Koexistenz von Haus- und Wildkatzen. In dichter besiedelten Gebieten besteht die Gefahr der Hybridisierung. Hier stehen Wildkatzen einer Vielzahl von Hauskatzen gegenüber. Bei regelmässigen Kreuzungen würden die Wildkatzen in den Hauskatzen aufgehen, bis es keine reinrassigen Wildtiere mehr gäbe. Nach Analysen des Monitorings liegt der Anteil der Hybriden in der Wildkatzenpopulation aktuell bei rund 15 Prozent. Ob es sich dabei um einen fortschreitenden Prozess handelt oder ob die Hybriden wieder verschwinden, ist unklar. Ein besonderes Augenmerk, etwa mittels Fotofallen, wird auf den im Solothurnischen gelegenen Bucheggberg geworfen. Als natürliche «Brücke» spielt er für die Ausbreitung der Wildkatzen ins Mittelland und in die nördlichen Voralpen eine Schlüsselrolle.[108]

POSTHUM ZUM INTERNATIONAL BEACHTETEN FORSCHUNGSOBJEKT

Bei der achtjährigen Céline nahm alles seinen gewohnten Gang. Ende März 1966 gebar sie zum sechsten Mal. Sie war mittlerweile eine erfahrene Mutter. Routiniert sorgte sie sich um ihren Nachwuchs, bis sie im Oktober krank wurde. Laut der tierärztlichen Diagnose litt sie an einer Erkältung. Badertscher verpasste ihr eine Injektion. Da sich keine Besserung einstellte, wiederholte er die Therapie. Am nächsten Tag lag die Wildkatze tot im Käfig. Am selben Tag wurde sie für die Sektion dem Diagnostischen Laboratorium Dr. E. Graeub AG in Bern übergeben. Der Befund förderte einen Luftröhrenkatarrh, gestaute Lungen, eine verfettete Leber, Nierenhyperämie, eine spastisch-anaemische Milz sowie einen mässigen Befall von Band- und Spulwürmern zutage. Abgesehen davon zeigte der Kadaver keine Auffälligkeiten. Der Ernährungszustand sei gut gewesen, vermerkte der Pathologe.

Fast zwei Jahre später wertete Meyer-Holzapfel ihre mittlerweile reichen empirischen Daten zu den Wildkatzen wissenschaftlich aus. Erstmals konnte eine Zoodirektorin breit abgestützte Angaben über die Fortpflanzung und das Wachstum dieser Tiere machen. Ihre wöchentlich aktualisierten Listen zum Wachstum und der Gewichtszunahme, ihre detaillierten Schilderungen über Tragzeit, Geburtsgewicht und Stilldauer, ja selbst ihre Anmerkungen zu den Milchzähnen der Kleinen verdankte sie zu einem guten Teil Céline. Meyer-Holzapfels Beitrag erschien im renommierten *International Zoo Yearbook*, dem Organ der Zoological Society of London.[109] Damit etablierte sie das Dählhölzli nicht nur als Kompetenzzentrum für Wildkatzen, sondern schärfte, mit Blick auf den Artenschutz in der Schweiz, das Profil des Tierparks.

170 Gramm wog das helle Kätzchen, ein Weibchen aus Célines Wurf vom 29. März 1965. Es starb nach einer Woche und wurde kopfüber als Flüssigpräparat konserviert.

ZEUGEN DER HISTORISCHEN BIODIVERSITÄT

Als der Zoologe Hans Zollinger 1945 die Sammlungen der Naturhistorischen Museen nach Wildkatzen abklapperte, zählte er in der ganzen Schweiz gerade mal 35 bis 40 Präparate.[110] Bei einigen war er sich nämlich ziemlich sicher, dass da Hauskatzen ausgestopft worden waren. Die Tiere stammten fast ausnahmslos aus dem 19. Jahrhundert. In Schweizer Museen würden mehr Löwen aus Afrika als einheimische Wildkatzen lagern, kommentierte Hediger die Ergebnisse seines Kollegen.

Bei einer Nachfrage im Naturhistorischen Museum Bern stellte sich heraus, dass Céline nicht in die Sammlung aufgenommen worden war. Ihren Kadaver hatte man verbrannt. Dennoch hinterliess sie Spuren. Eines ihrer Kätzchen wird bis heute als Flüssigpräparat aufbewahrt. Es ist längst nicht das einzige Relikt der Wildkatzen aus dem Tierpark der 1960er-Jahre. Skelette und Schädel, Flüssigpräparate und Dermoplastiken, also Tierpräparate in bestimmten Posen, schlossen nicht nur in Bern die von Zollinger beklagten Sammlungslücken.

Während der Fotoaufnahmen für dieses Buch erzählte mir Stefan Hertwig, Kurator des Naturhistorischen Museums in Bern, dass sämtliche Wildkatzenpräparate mittels Gentest untersucht worden seien. Er zeigte auf einen fauchenden Kuder, der in einem der Institutszimmer ausgestellt war. Das wilde Tier setzt soeben zum Sprung an, die Haare sind gesträubt. Zum Erstaunen Hertwigs erwies sich das Prachtexemplar als Hybrid. Untersuchungen am historischen Material sind wichtig, weil sie Aufschluss über die historische Biodiversität geben und als Kontrastfolie für heutige Befunde dienen.

PAPAGEI LEA (-1961)
UND DIE KONSUMLUST

Das heitere Wetter mit Temperaturen um 26 Grad C hat an diesem Mittwochnachmittag viel Publikum angezogen, doch jetzt, gegen Abend, wird es still im Dählhölzli. Vor dem Vivarium sitzt ein Papagei auf einem T-förmigen Holzständer. Immer wieder schlägt der Vogel mit seinem Schnabel auf einen Draht ein, mit dem seine Fusskette am Ständer befestigt ist. Vom Freibad KaWeDe her ist Kindergeschrei zu hören. Lange dauert es nicht mehr, bis der Tierpark seine Tore schliesst.
Beim Papageien handelt es sich um einen Grünflügelara aus Südamerika, auch Dunkelroter Ara genannt. Seine grünblauen Flügel stechen vom roten Gefieder des Körpers ab. Der farbenprächtige Vogel mit weissem Gesicht, das mit roten Strichen versehen ist, heisst Lea. Knapp neunzig Zentimeter gross ist das Weibchen. Da Lea vollkommen zahm ist, darf sie gekrault und gefüttert werden. Der Tierpark hat sie draussen vor dem Vivarium platziert, gut sichtbar für die Kinder, damit diese ihre Eltern zu einem Eintritt drängen.
Immer konzentrierter hackt der Papagei auf den Draht ein. Es scheint ihm langweilig zu sein, weil sich niemand mehr um ihn kümmert. Ein schwacher Abendwind kommt auf, der für einen Augenblick die Federn des Papageien aufstellt, doch dadurch lässt sich dieser nicht von seinem Tun abbringen. Plötzlich schüttelt der Grünflügelara seinen Fuss, an dem lose die Kette hängt. Mit kleinen Schritten turnt der Papagei dem Ständer ent-

lang. Er hebt ein Bein und beäugt aufmerksam die Kette, bis er seine Flügel ausbreitet und mit raschen Schlägen abhebt.

Als Tierpfleger Rudolf Weber aus dem Vivarium tritt, um den Vogel hereinzuholen, zuckt er zusammen. Der Papagei ist weg. Weit und breit keine Spur von ihm. Alles Rufen hilft nichts. Lea ist ausgebüxt.

AUFBRUCHSTIMMUNG ALLENTHALBEN

Der Zufall wollte es, dass am 26. Juli 1961, an jenem Mittwoch, als Lea im Berner Abendhimmel verschwand, Air France ein Inserat in der Zeitung *Der Bund* schaltete. Darin warb die französische Fluggesellschaft für Flüge nach Afrika.[111] Allenthalben herrschte Aufbruchstimmung. Seit Jahren brummte die Schweizer Wirtschaft. Kontinuierlich stiegen die Löhne an, während die Preise für Nahrungsmittel, Kleider und Miete zurückgingen, sodass die Lebenshaltungskosten spürbar sanken.[112] Die frei gewordenen Mittel investierten Herr und Frau Schweizer in Bildung, Verkehr, Freizeit und Ferien. Warum also nicht einmal mit dem Flugzeug nach Afrika auf eine Safari? So abwegig war der Gedanke nicht mehr, vor allem deswegen nicht, weil nichts darauf hindeutete, dass der Traum der immerwährenden Prosperität bald platzen würde. Optimismus bestimmte das Konsumverhalten. In den Verkaufsläden – Migros und Coop hatten auf Selbstbedienungsläden umgestellt – nahm die Fülle und die Vielfalt der Produkte zu. Eine omnipräsente Werbung schürte das Begehren nach mehr Gütern und Waren.

Vom wirtschaftlichen Aufschwung und der gesellschaftlichen Dynamik profitierte auch der Tierpark. Spektakuläre Neuanschaffungen, wie es der Zoo Basel 1952 mit den fünf jungen Elefanten aus Tansania vorgemacht hatte, lagen zwar ausser Reichweite, aber auch wenn Direktorin Meyer-Holzapfel mit dem Geld haushälterisch umgehen musste, kaufte sie für das Vivarium immer neue exotische Vögel, Fische und Reptilien.[113] 1961 erreichte der Bestand des Tierparks mit 1681 Tieren, die sich auf 420 Arten verteilten, darunter der prächtige Grünflügelara, einen neuen Höchststand. Als Meyer-Holzapfel 1944 den Tierpark übernommen hatte, waren es gerade mal 1000 Tiere in 250 Arten gewesen.

EXOTISCHE STUBENVÖGEL

Man gönnte sich gern einen kleinen Luxus: «Wenn ihre Frau viel allein ist, dann bereiten Sie Ihr die grösste Freude mit einem Singvogel.» Mit diesem Slogan warb 1960 die Zoohandlung Schneiter an der Neuengasse in Bern für ihre exotischen «Stubenvögel».[114] Während der Mann im Büro arbeitete, verscheuchte ein Haustier die Langeweile aus dem häuslichen Alltag der Frau. Tatsächlich zogen Vögel, allen voran die putzigen Wellensittiche, in Scharen in die mittelständischen Wohnungen ein, sodass *Der Bund* auf den 1. Januar 1961 unter der Rubrik «Frauenleben Frauenschaffen» seinen Leserinnen erklärte, worauf sie beim Kauf der «munteren Gefährten» zu achten hatten. Was hatte es bloss mit der Faszination für farbige Vögel auf sich?

Reichten die Besucherinnen und Besucher des Tierparks dem zahmen Papagei Lea Bananenstücke, so befriedigte und befeuerte der schöne Vogel deren Wunsch nach einer zeitweiligen Flucht aus der Zivilisation. Lea verkörperte die Sehnsucht nach fernen Ländern, nach fremder Schönheit, selbst wenn sie das Geheimnis der Sprachimitation nicht beherrschte. Sie stand für das geheimnisvolle Andere, das fasziniert, solange es domestiziert ist. Der Käfig in der Wohnstube kam einem Fenster in die weite Welt gleich. Hatten sich im 19. Jahrhundert die europäischen Eliten auf Kolonialabenteuer und Forschungsexpeditionen begeben, berauschten sich hundert Jahre später die Mittelschichten an der Exotik im Kleinformat. Das Vivarium war ein Ort der Träume.

VON KANARIENZÜCHTERN UND ZIERVOGELAUSSTELLUNGEN

Um die Gunst der Vogelliebhaberinnen und Züchter buhlten auf dem Platz Bern zwei Traditionsvereine. Da war zum einen der 1907 gegründete Verein Kanaria Bern, der seinen Stammsitz im Hotel Metropol hatte und Mitglied des Schweizerischen Kanarien-Züchter-Verbandes war. Im kleinen Saal des Casinos organisierte er jährlich im November eine Ausstellung mit Sing- und Ziervögeln. Ende Jahr war nämlich die Zeit der Angebote, weil die ausgewachsenen Jungvögel aus der Zucht abgegeben und für die Blutauffrischung neue Tiere gesucht wurden. 1961 scheute Kanaria Bern weder Mühen noch Aufwand, um dem Publikum eine reichhaltige Ausstellung zu präsentieren.[115] In den Käfigen zwitscherten Kanarienvögel, flatterten Wellensittiche, turnten Papageien. Wer sich im Casino unter die singenden und pfeifenden Vögel mischte, konnte erstehen, was ihm gefiel. Im offiziellen Organ *Der Kanarienfreund* wurden gegen Ende Jahr ebenfalls Vögel in Kleinannoncen zum Verkauf angeboten.

In einem 1961 abgedruckten Artikel im *Kanarienfreund* erklärte Züchter W. Rothfuss aus Dübendorf die Gepflogenheiten des Vogelhandels.[116] Topvögel wurden ab hundert Franken gehandelt. Ansonsten wechselten die Tiere den Besitzer für rund vierzig Franken. Gleichwertige Vögel wurden unter Kameraden auch getauscht. «Harzer mit Gesangsfehlern, Farbenvögel mit Flecken aller Art, kleinere, für die Zucht ungeeignete Tiere usw.» bekam man für zehn Franken und günstiger. Manchmal wanderten die drittklassigen Tiere in eine Vereinstombola, manchmal wurden sie an eine Zoohandlung abgeschoben, die sowieso die Preise drückte. Zum Vergleich: Beim Metzger bezahlte man in der Stadt Bern 1961 im Schnitt 10.59 Franken für ein Kilogramm Kalbfleisch. Folglich handelte es sich bei der Zucht um ein teures Hobby. Importe aus Deutschland und Holland, führte Rothfuss weiter aus, seien zwar billiger, deren Vögel aber nicht über alle Zweifel erhaben. Dezidiert plädierte er dafür, ausschliesslich mit «kerngesundem, kräftigem Tiermaterial» zu züchten und Schwächlinge und schadhafte Tiere frühzeitig zu «vernichten».

Der zweite Verein, der sich an der Zucht von exotischen Vögeln beteiligte, war der 1934 gegründete Verein Ornis Bern. Jährlich organisierte er im Restaurant Bürgerhaus eine Ausstellung mit Vogelmarkt und Tombola.[117] Am Wochenende des 13. auf den 14. Dezember 1958 führte er im Namen von Ornis Schweiz gar eine nationale Vogelschau durch. Zusammen mit der Berner Sektion des Schweizerischen Berufsgärtnerverbandes verwandelten die Veranstalter den Kursaal in ein Blumenmeer. Aufgereiht in langen Käfigreihen hüpften und pfiffen darin Kolibris, Wellensittiche, Aras, Edelpapageien und Loris.[118] Gut möglich, dass sich Meyer-Holzapfel an dieser farbenprächtigen Sonderschau «auf den ersten Blick» in einen Frauenlori «verliebte».[119] Da die Papageien aus Neuguinea mit ihrem Gefieder aus einer Mischung von Scharlachrot, Violettblau, Gelbgrün und Schwarz schwer zu beschaffen waren, konnte sie der Versuchung nicht widerstehen und kaufte ihn für den Tierpark. Ihr Liebling wurde zu einer Attraktion der Volieren. Ständig suchte der kleine Papagei die Nähe zu den Menschen und buhlte um deren Aufmerksamkeit.

WAHRE AUSBRECHERKÖNIGE

Ein Herr Leibundgut aus Bern nahm 1961 mit der Tierparkdirektorin Kontakt auf, weil er ein Problem hatte.[120] Die Nachbarn ärgerten sich über die laute Stimme seines Papageien. Ihnen ging das Gekrächze derart auf die Nerven, dass sich der Besitzer gezwungen sah, seinen Grünflügelara zu veräussern.[121] Der junge *Ara chloropterus,* so sein lateinischer Name, war günstig zu haben. Zudem war Papagei Lea, wie Herr Leibundgut den Vogel nannte, vollkommen zahm. Meyer-Holzapfel packte die Gelegenheit beim Schopf. Schliesslich hatte der Tierpark mit Grosspapageien Erfahrung, und Ankäufe von Privatpersonen waren damals nichts Aussergewöhnliches. Am 3. Juli 1961 brachte Herr Leibundgut Lea persönlich im Dählhölzli vorbei.

Bei gutem Wetter wurde der prächtige Papagei auf einem Ständer nach draussen gebracht. Da ein passender Ringverschluss fehlte, der es dem Vogel erlaubt hätte, sich trotz der Fusskette auf dem Ständer hin und her zu bewegen, befestigte Tierpfleger Weber die Kette mit einem Draht. Auf dem Ständer vor dem Vivarium konnte sich Lea kaum bewegen. Diese für den Vogel missliche Präsentation war damals üblich. Im Zoo Karlsruhe beispielsweise existierte in den 1960er-Jahren gar eine «Papageien-Allee»: Entlang eines Fusswegs sass auf beiden Seiten alle zehn Meter ein Grosspapagei auf einem Trapez, das unter einem farbigen Sonnenschirm befestigt war.[122]

Den Ausbrechern widmete Heini Hediger in seinem Handbuch «Wildtiere in Gefangenschaft» ein eigenes Kapitel.[123] Das Thema der Sicherheit stellt für den Zoo eine Herausforderung dar, vor allem im Falle von Tieren, die den Menschen gefährlich werden können. Die Geschichte der Zoos ist voller Anekdoten von Ausreissern, deren Flucht oft tragisch endete. Solche Zwischenfälle waren für den Ruf eines Zoos schlecht. Zudem belastete der Verlust der Tiere die Kasse. Warnend wies Hediger darauf hin, dass es unter den Zootieren wahre Ausbrecherkönige gab. Zu ihnen gehörten die Aras. Das hat verschiedene Gründe: Erstens sind Papageien sehr intelligent. Sie beobachten jede Handreichung der sie betreuenden Menschen und merken sich die Abläufe. Einfache Schliessmechanismen bei Käfigen knacken sie mühelos. Mit ihrem starken Schnabel verfügen sie zweitens über ein geniales Instrument zum Packen, Schieben und Niederdrücken von Griffen, aber auch zum brachialen Auftrennen oder zum Demolieren von dünnen Stäben. Dank ihrer Zehenstellung

Dass der Tiermaler Fritz Hug tatsächlich Lea vor sich hatte, als er diese Zeichnung anfertigte, ist unwahrscheinlich. Dennoch illustrierte sie Monika Meyer-Holzapfels Porträt über den Papagei Lea im Sammelband «Tiere, meine täglichen Gefährten» (1966).

– zwei Zehen schauen nach vorn, zwei nach hinten – sind sie zudem geschickte Kletterer. Den Schnabel setzen sie dabei als Kletterhilfe ein und halten mit ihren kräftigen Füssen auch einmal einen Gegenstand fest.

Jedes Mal, wenn Tierpfleger Weber den Papagei nach draussen führte und Lea am Ständer ankettete, schaute sie ihm zu, was er da genau machte. Sie begriff schnell, dass der Draht zur Befestigung der Kette diente und dass sich dieser Draht durchtrennen liess, weil er für ihren Schnabel nicht zu hart war. Das Motiv ihres Ausbruchs dürfte Langeweile und die missliche Lage auf dem Ständer gewesen sein. Nicht zuletzt deswegen verfocht Hediger die Ansicht, die Tiere in ihren Anlagen zu beschäftigen.

13 KILOMETER LUFTLINIE

Am Tag eins nach ihrer Flucht tauchte Lea im Dählhölzliwald auf. Hoch oben sass sie auf dem Ast einer Föhre. Die Kette hing an ihrem Fuss herab. Auf die Rufe und dargebotenen Leckereien reagierte sie nicht. In den folgenden Tagen wurde sie mehrfach gesichtet, doch alle Versuche, sie auf den Boden zu locken, scheiterten. Dann verschwand sie.

Im nördlichen Südamerika bewohnt der Grünflügelara tropische Tiefländer entlang von Flüssen und Waldrändern. Auch in subtropischen Savannen kommt er vor, hingegen meidet er Gebirge und Höhenlagen von mehr als 1400 Meter über Meer. Die Papageien leben in Familienverbänden von bis zu zwölf Tieren. Hat ein Paar zusammengefunden, bleibt es sich ein Leben lang treu. Die Aras ernähren sich von Nüssen und Früchten. Eine Besonderheit ist der Verzehr von Lehm. Die im Lehm enthaltenen Mineralien benötigen die Papageien zum Entgiften von Schadstoffen, die sie über die Nahrung aufgenommen haben. Auf der Suche nach Futter legen Aras weite Strecken zurück.

Obschon der über ein Kilogramm schwere Vogel beim Fliegen ein hörbares Geräusch macht und er wegen seiner Farben auffällt, legte Lea unbemerkt eine Distanz von 13 Kilometern Luftlinie zurück, bis sie auf der Ledi bei Rosshäusern landete, einer hufeisenförmig von Wald umgebenen Hochebene mit einigen wenigen Einzelhöfen. Das muss am 29. oder 30. Juli gewesen sein, denn am 30. Juli entdeckte ein Junge auf dem Apfelbaum vor dem Bauernhaus, in dem er wohnte, einen roten Vogel. So einen hatte er noch nie gesehen. Bauer Wüthrich gelang es, mit einem Rechen den zutraulichen Vogel einzufangen, indem er mit einer Zinke in die Fusskette einhängte. In Windeseile verbreitete sich die Kunde vom ausgerissenen Papageien, der im Gaden eingesperrt war.

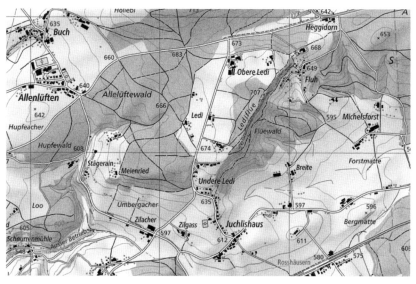

Auf gut 670 Meter über Meer, zwischen Allelüftewald und Lediflue, liess sich Lea Ende Juli 1961 nieder.

Vom sonderbaren Fang erfuhr Weber über einen Kollegen, der sich wie der Tierpfleger in der Schweizerischen Vereinigung für Zucht und Pflege von Sing- und Ziervögeln engagierte.[124] Am nächsten Tag, dem 2. August, fuhr Weber zusammen mit Tierpfleger Walter Mast auf die Ledi, erleichtert, dass sich sein Missgeschick korrigieren liess. Doch sie kamen zu spät. Nach zwei Tagen bei schlechtem Wetter hatte der Bauer Mitleid mit dem Papagei im Gaden gehabt und brachte ihn an die frische Luft. Er setzte ihn auf den Spaltstock und befestigte die Fusskette mit Draht. Kaum war der Bauer weg, wusste Lea, was zu tun war. Ausgerechnet am Nationalfeiertag büxte sie ein zweites Mal aus.

SAFARI AUF DER LEDI

Über Wochen hielten die Menschen auf der Ledi und in den umliegenden Dörfern Ausschau nach dem Grünflügelara. Alle bekamen den Papagei auf seinen Flügen nach Allenlüften oder über den Forst nach Neuenegg irgendwann zu Gesicht. Zwar frass Lea in sicherer Distanz zu den Menschen Apfel- und Bananenstückchen, die ausgelegt wurden, um sie anzulocken. Ein zweites Mal liess sie sich aber nicht einfangen. Kam man ihr zu nahe, ergriff sie die Flucht. Eine Bäuerin beobachtete, wie Lea in den Hühnerpferch flog und zusammen mit den Enten Körner frass. Solche Geschichten zirkulierten den ganzen Sommer hindurch. Es war etwas los auf der Ledi.

Zur Aufregung trug auch der Tierpark bei. Er liess nichts unversucht, um des Papageis habhaft zu werden. Erst stellte Weber eine Falle auf. Ohne Erfolg. Dann fuhren Weber und Mast mit einem Lockvogel hoch.[125] Tatsächlich näherte sich Lea dem Artgenossen bis auf dreissig Meter. Unglücklicherweise blieb der mitgebrachte Ara im entscheidenden Moment stumm, anstatt zu schreien, sodass auch diese Aktion erfolglos blieb. Nach den ersten Frostnächten mobilisierte das Dählhölzi, alarmiert durch die tiefen Temperaturen, einen Suchtrupp. Sollte diesmal die Expedition scheitern, würde Lea den heranziehenden Winter nicht überleben. Bei eisiger Kälte suchten Meyer-Holzapfel, Weber und Mast sowie der ehemalige Vogelwärter des Dählhölzli den ganzen Tag nach dem tropischen Vogel. Vergebens. Als sie am Abend durchgefroren nach Bern zurückfuhren, hatten sie die Hoffnung aufgegeben. Es sollte nicht der letzte Akt in diesem Drama sein.

Am Abend des 19. Dezember läutete gegen 18.30 Uhr das Telefon im Büro der Direktorin.[126] Kurz danach raste Meyer-Holzapfel mit Weber, der noch in seinen Überkleidern steckte, mit dem Auto auf die Ledi zum Bauernhof der Familie Wüthrich. Der Papagei war in den Hühnerpferch geflogen, um zu fressen. Dabei hatte er sich am Fuss verletzt und viel Blut verloren. Erschöpft wie er war, liess er sich ohne Weiteres einfangen.

Zurück im Vivarium wurde die Wunde desinfiziert und der Papagei mit Früchten versorgt. Eine halbe Stunde später fiel Lea von der Stange. Eine Sektion wurde nicht durchgeführt. Gemäss Meyer-Holzapfels Eintrag in der Agenda war Lea sehr schwach gewesen, halb verhungert und verwundet.[127] Der schlechte Allgemeinzustand des Tieres dürfte auch der Grund gewesen sein, weshalb Lea nicht dem Naturhistorischen Museum übergeben, sondern im Kadaverkessel des Tierparks entsorgt wurde.[128] An Weihnachten fuhr die Tierparkdirektorin ein letztes Mal auf die Ledi und überreichte der Familie Wüthrich, die sich so sehr um den Vogel bemüht hatte, als Zeichen des Dankes dreissig Franken.[129]

«Selten haben wir», sinnierte Meyer-Holzapfel, «einem Vogel so nachgetrauert! Und doch: Lea hätte sich nicht zum Stubenhocker geeignet. War sie nicht einen Sommer lang Königin der Ledi gewesen? Es gibt Geschöpfe, die ein kurzes, ungebundenes Dasein langen, inhaltsarmen Jahren vorziehen. Vielleicht hatte das Schicksal den Lebensfaden unseres Papageien zur rechten Zeit abgeschnitten.»[130]

Obschon Leas Abenteuergeschichte ein tragisches Ende genommen hatte, blickte die Tierparkdirektorin versöhnlich auf die Episode zurück. Gerade mal 23 Tage lebte der Grünflügelara im Tierpark, dabei hätte er in Gefangenschaft gut und gern ein Alter von bis zu dreissig Jahren und mehr erreichen können. Zwischen den Zeilen von Meyer-Holzapfel schwingt eine Trauer mit, bei der ich mich frage, an wen sie beim Schreiben wohl dachte. Ihr existenziell gestimmter Ton will nicht so recht zum Hinschied eines Tieres passen. Schliesslich starben im Tierpark fast täglich exotische Vögel, darunter Papageien aller Arten.

TIERGESCHICHTEN,
UND WARUM TIERE EINEN NAMEN TRAGEN

Über Leas Schicksal berichtete Meyer-Holzapfel 1966 in ihrem Sammelband «Tiere, meine täglichen Gefährten». Im Unterschied zu anderen Episoden scheint sie das Abenteuer des Papageien nicht vorab in einer Zeitung veröffentlicht zu haben. Mental lasse das anekdotenhafte Erzählen die Leserinnen und Leser ins Zoogehege eindringen, begründete die Historikerin Louanne Burkhardt das Erfolgsgeheimnis solcher Erzählungen.[131] Die atmosphärische Nähe, der Blick hinter die Kulissen zeichnen denn auch Meyer-Holzapfels Erzählstil aus. Darüber hinaus setzt sie tierisches Verhalten in Analogie zu menschlichen Erfahrungen. Im fremden Tier sollen die Lesenden Eigenes, Vertrautes, ihnen Bekanntes erkennen. Dank diesem Stilmittel beginnen sie die Tiere anders zu betrachten und nehmen nebenbei zoologische Informationen auf.

Solch bewusst gesetzte Parallelen brachten Meyer-Holzapfel von den Nachgeborenen viel Kritik ein. Das «anthropozentrisch-emotional geprägte Tierbild», hält David Arndt stellvertretend für deren Bedenken fest, verleite nämlich dazu, den Tieren menschliche Charaktereigenschaften und Gefühle zuzuschreiben, die mit dem Tier selbst nichts zu tun haben und zu falschen Schlüssen führten.[132] Da hat er zweifellos Recht, gerade mit Blick auf die letzten Zeilen zu Leas Leben. Nur kann Arndt nicht erklären, warum tierpsychologisch ausgebildete Zoologinnen wie Meyer-Holzapfel, denen die Grenzen zwischen Mensch und Tier sehr wohl bewusst waren, auf dieses Vermittlungsinstrument zurückgriffen.

Ihr Erzählstil hing eng mit dem Aufkommen einer neuen Disziplin innerhalb der Zoologie zusammen. Ab Ende der 1920er-Jahre beteiligte sich Meyer-Holzapfel als Studentin und aufstrebende Wissenschaftlerin an der «Geburt der Ethologie», wie sie diese «Pionierzeit» nannte.[133] Während in der Zoologie systematische und morphologische Studien dominierten, beschäftigte sich eine kleine Gruppe mit dem Verhalten von Tieren. Im Zentrum ihrer Überlegungen stand der Begriff des Instinkts. Der angeborene Instinkt war Kern der tierischen Psyche und Triebfeder aller tierischen Handlungen. Je nach Position waren die vom Instinkt ausgelösten Handlungen eine starre, automatische Aneinanderreihung von Verhaltensweisen, oder sie wiesen eine gewisse Plastizität auf, das heisst, Tiere besassen die Fähigkeit, ihr Verhalten den äusseren Umständen anzupassen. Ein anderer Themenkreis ging der Frage nach, wie sich das Verhältnis von angeborenen und erlernten Verhaltensweisen gestaltete, wie also Instinkt und Intelligenz zueinanderstanden, und was es mit der Lernfähigkeit der Tiere auf sich hatte.

Wichtigen Pionieren des sich formierenden Wissenschaftszweigs begegnete Meyer-Holzapfel persönlich: Johan Bierens de Haan besuchte sie 1936 in Amsterdam, Oskar Heinroth 1938 in Basel, Edward Stuart Russell 1938 in London, Konrad Lorenz 1949 in Bern. Dort beschäftigte sich auch Fritz Baltzer, bei dem sie studierte, mit instinkttheoretischen Fragen. Für ihre eigenen Untersuchungen griff Meyer-Holzapfel auf theoretische Grundlagen von Lorenz zurück, weil seine Konzepte eine vergleichende Verhaltensforschung möglich machten und auf empirisch beobachtbare Verhaltensweisen in freier Natur fokussierten. Es waren dann die Arbeiten von Lorenz und jene von Niko Tinbergen, die nach dem Zweiten Weltkrieg für die Ethologie im deutschen Sprachraum wegweisend wurden.

Die Ergebnisse der Verhaltensforschung brachte Lorenz 1949 in seinem Tiergeschichtenbuch «Er redete mit dem Vieh, den Vögeln und den Fischen» einer breiten Öffentlichkeit näher. Darin erzählte er unter anderem die Geschichte des Gänsekindes Martina. Die kleine Wildgans betrachtete Lorenz als ihre Mutter, weil er das erste Wesen war, das das Küken sah. Durch diese Prägung folgte sie ihm auf Schritt und Tritt. Anschaulich und unterhaltsam referierte Lorenz im überfüllten Saal des Berner Naturhistorischen Museums. Er wusste das Publikum auf seiner Seite, als er das Imponiergehabe eines werbenden Gänserich nachahmte. Unter den gebannt Zuhörenden sass Meyer-Holzapfel: «Durch die Unmittelbarkeit der Schilderungen waren die mit persönlichen Namen bezeichneten Tiere bald in aller Munde. Und was besonders beeindruckte, waren die oft humorvollen Anspielungen auf den Menschen. Die Tiere wurden nicht in unzulässiger Weise – wie etwa in Brehms ‹Tierleben› – vermenschlicht, nein, die Vergleiche sollten vielmehr zeigen, dass auch der Homo sapiens allzu oft nicht mit seiner Vernunft, sondern wie Tiere mit ‹angeborenen Triebhandlungen› auf verschiedenste soziale Lagen reagierte. Das Aufzeigen gerade solcher Übereinstimmungen, das In-Beziehung-Setzen von Tier und Mensch hat zweifellos ungemein viel dazu beigetragen, die Verhaltensforschung international bekanntzumachen, namentlich auch das Interesse – manchmal auch den Widerspruch – von Psychologen und Psychiatern zu wecken.»[134]

Bei der Verwendung von Personennamen ging es Meyer-Holzapfel um die «Einmaligkeit eines Tierindividuums», wie sie in der Einleitung von «Tiere, meine täglichen Gefährten» darlegte.[135] Aus eigener Erfahrung wusste sie nur zu gut, dass die Tiere über ihre arttypischen Verhaltensweisen hinaus individuelle Eigenschaften aufwiesen. Ein Grünflügelara war nicht einfach ein Grünflügelara. Für das unerfahrene Publikum mochten zwei Tiere identisch aussehen, in ihrem Charakter unterschieden sie sich jedoch erheblich. Genauso in ihren persönlichen Geschichten. Natürlich gab man den Tieren um der Identifikation willen Namen, damit man wusste, von wem man sprach. In Meyer-Holzapfels Publikationen erfüllten sie eine zweite Funktion: Sie waren ein Bekenntnis zur empirischen Verhaltensforschung. Und eine Referenz auf Konrad Lorenz.

PAPAGEI LEA

KONJUNKTURSÜNDEN

Unter Meyer-Holzapfels Leitung wurde beinahe zwanzig Jahre lang höchstens punktuell in die Infrastruktur des Tierparks investiert. Auch wenn einzelne neue Anlagen entstanden und einige wenige von Grund auf saniert wurden, lebte das Dählhölzli von seiner Substanz. Folglich waren zahlreiche Gehege in die Jahre gekommen. Zudem

Der Bereich vor dem Eingang zum Vivarium sah in den 1960er-Jahren noch genau so aus wie bei der Eröffnung des Tierparks. Drei alte Föhren (Dählen) dominierten die kleine Parkanlage.

benötigte Meyer-Holzapfel mehr Platz für ihre Tiere, da der Bestand laufend zunahm. Angesichts der Konjunktur und der gewachsenen Bedürfnisse wollten der Tierparkverein und die Burgergemeinde den Ausbau des Tierparks endlich vorantreiben. Zu diesem Zweck gaben sie 1962 einen Gesamtplan in Auftrag, der drei Jahre später vorlag.[136] Bei Kosten von gut 1,5 Millionen Franken hätte eine Reihe von kleinen Tierhäusern entstehen sollen. Trotz überfüllter Gehege blieb es bei den Plänen, weil die Stadt, die bei der Finanzierung die Hauptlast hätte tragen sollen, nicht mitmachte.

Dabei hatte Meyer-Holzapfel zumindest auf ein neues Papageienhaus gedrängt. Gerade in den Volieren wimmelte es von Sittichen, Kanarienvögeln und Papageien. Die Gehege waren komplett überbelegt. Entsprechend hoch war die Sterblichkeit. Schuld an der Situation waren zwei private Vogelsammlungen, die der Tierpark geschenkt bekommen hatte und die er unmöglich ausschlagen konnte. Schliesslich kam er zu Hunderten von seltenen und teuren Vögeln.

Mit den Tieren wussten die Angehörigen von Hermann Burgener, einem ehemaligen Bieler Uhrenfabrikanten, und jene des tödlich verunglückten Nicholas Melides, eines griechischen Diplomaten in Bern, nichts anzufangen. Sie teilten deren Leidenschaft nicht und waren einfach nur froh, dass sie die Vögel loswurden und diese gut versorgt waren.

Geschenke waren für den Tierpark eine zweischneidige Sache. Auf der einen Seite kam er dank der Sammelwut Privater in den Besitz wertvoller Tiere. Auf der anderen Seite fehlte dem Dählhölzli die dafür nötige Infrastruktur. Das Dilemma spiegelt die Auswüchse eines kaum reglementierten Tierhandels. Wer über die finanziellen Mittel verfügte, konnte erwerben, was er wollte. Unzählige Wildtiere gelangten in private Haushalte, wo sie oft unter prekären Bedingungen vor sich hin vegetierten. Bis der Tierhandel international geregelt und seltene Tiere durch Handelsverbote geschützt wurden, dauerte es noch eine ganze Weile. Erst mit dem Washingtoner Artenschutzübereinkommen von 1973, der Convention on International Trade in Endangered Species of Wild Fauna and Flora (CITES), wurde die Konsumlust in die Schranken gewiesen. Die enorme Nachfrage nach Haus- und Zootieren in der westlichen Welt war mit ein Grund dafür, dass die Tierbestände weltweit drastisch eingebrochen waren.

TIGER IGOR (1971-1988) UND DER WERTEWANDEL

Von März 1985 bis Februar 1986 setzt sich der Student Christoph Wiedenmayer jeden Tag für zwei bis drei Stunden vor das Gehege der Sibirischen Tiger. Alle drei Minuten notiert er, was sie wann, wo machen.[137] Seine Studie zum Raum-Zeit-System der Tiger orientiert sich an einem Konzept von Heini Hediger: Tiere machen nicht einfach das, worauf sie gerade so Lust haben. Vielmehr folgen sie einem strikten Tagesablauf. Tätigkeiten erledigen sie zu einem bestimmten Zeitpunkt an einem spezifischen Ort.[138] Während Wiedenmayer vor dem Käfig seine Beobachtungsblätter ordnet, betritt Tierpfleger Fred Sommer das Haus der Raubkatzen. Beissender Ammoniakgeruch schlägt ihm entgegen, sodass die Augen regelmässig tränen.[139] Um 7.30 Uhr öffnet Sommer das Tor zum Aussengehege. Draussen trinkt Tiger Igor aus dem Wasserbecken, dann uriniert und kotet er. Zu seinem Morgenritual gehört die Kontaktnahme mit Nadja, die in ihrer eigenen Box übernachtet hat. Igor reibt seinen Kopf an der Tigerin, prustet und beschnuppert sie. Seine Morgenaktivitäten, vor allem die Fellpflege im Liegen und das Krallen an den Hölzern, nehmen rasch ab. Mittels Spritzharnen markiert Igor am Morgen die Mauern und das Gitter, im Innern des Geheges die Sträucher und die am Boden liegenden Baumstämme. Mittags ruhen die Tiere rund drei Stunden im hinteren Teil der Anlage auf dem mit Holz ausgeschlagenen Liegeplatz. Vor der Fütterung um 18.30 Uhr erreicht Igors Aktivität den Höhepunkt. In stereotypen

Achterschlaufen dreht er vorne am Gitter seine Runden. Sobald sich das Tor zur Box öffnet, sucht er das Futter auf. Was er übrig lässt, frisst er in der Nacht. Wer nicht wie Wiedenmayer das Verhalten geduldig beobachtet, könnte den Eindruck bekommen, dass die Tiger den ganzen Tag faul herumliegen. Notabene in einem viel zu engen Betonkäfig. Immer mehr Besucherinnen und Besucher stören sich an der Tigeranlage, die sie an ein Gefängnis erinnert. Vom Stolz, dass in Bern Tiger gehalten werden, ist nicht mehr viel übrig. Die Zeiten haben sich geändert.

DES BERNERS ZOO

In der Amtszeit von Meyer-Holzapfel war der Tierbestand trotz bescheidener Finanzen von Jahr zu Jahr gewachsen: 1944 verteilten sich 1127 Tiere auf 256 Arten, 1969 bereits 1719 Tiere auf 424 Arten, auch wenn der Anteil der Säugetiere bis Mitte der 1950er-Jahre mit wenig mehr als zwanzig Arten lange Zeit gering blieb. An Grosssäugetieren sahen die Besucherinnen und Besucher einheimische Tiere oder Rentiere und Elche, die während der Eiszeit im Raum der heutigen Schweiz gelebt hatten. Das entsprach dem Selbstverständnis des Tierparks, der sich bei der Auswahl seiner Tiere von den Zoologischen Gärten bewusst abgrenzte. Dennoch tummelten sich auch in Bern exotische Tiere in den Gehegen. Sie lebten in den Volieren, Terrarien und Aquarien des Vivariums. Dem Publikum gefielen die fremdländischen Vögel, Fische und Reptilien. Ihm waren konzeptionelle Überzeugungen egal. Mit den Eintritten bestätigte es Meyer-Holzapfels vorsichtige Öffnung in Richtung eines Zoos. 119 678 Personen besuchten im letzten Amtsjahr der Direktorin das Vivarium.[140] Keine Bestmarke, aber allemal eine stattliche Zahl.

Als der 41-jährige Zoologe Hannes Sägesser am 1. Januar 1970 seine Stelle als Verwalter des Tierparks antrat, übernahm er eine in der städtischen Politik fest verankerte Institution, die von einem regen Publikumsinteresse getragen wurde. Der Betrieb funktionierte reibungslos. Dennoch wollte Sägesser nicht in den vorgegebenen Bahnen weiterfahren. Er, der in der hinteren Länggasse aufgewachsen war und schon als Kind vom Beruf des Tierparkverwalters geträumt hatte, hegte ambitioniertere Ziele. Den Bernerinnen und Bernern wollte er einen Zoo bieten. Obschon die Vorlage für die Stadtberner Abstimmung vom 28./29. Dezember 1935 in erster Linie von einheimischen Tieren gesprochen hatte, mochte er sich nicht auf heimische Arten beschränken. Er suchte nach aus zoologischer Sicht interessanten, publikumswirksamen Tieren, weil sich ohne solche ein wissenschaftlich geführter Zoo nicht finanzieren liess. Für die Teilhabe an den internationalen Zuchtprogrammen, für den Austausch mit den Zoos in Europa benötigte Sägesser spektakulärere Tierarten.

Sägessers Plan kam der Umstand zugute, dass seine Vorgängerin am Ende ihrer Wirkungszeit ein Ausbaukonzept vorzulegen hatte, in dem das Augenmerk auf den Gehegen und Stallungen lag.[141] Oft als

Für einmal ist das Aareufer oben und der Wald unten. Die Fotomontage von 1974 spielt mit den Gegebenheiten vor Ort und zeigt das rege Interesse an den frei zugänglichen Teilen des Tierparks.

Holzprovisorien aufgestellt, mussten zahlreiche Anlagen dringend ersetzt werden. Bei geschickter Besetzung der Gehege liessen sich neue Akzente setzen. Im Zug dieser Gesamterneuerung erhielten die Wildkatzen, Luchse und Marder ein Kleinraubtierhaus, die Wisente eine neue Anlage und die Elche ein trockeneres Gehege. Gleichzeitig zogen auch neue Tierarten ein. Kängurus und Emus, erinnert sich Tierpfleger Sommer, seien nach kurzer Zeit unter dem neuen Direktor angeschafft worden.[142] Zu Sägessers ersten Anschaffungen gehörten auch Hermann, Daisy und Dolly. Die drei Seehunde in der umgebauten Biberanlage begeisterten die Kinder vom ersten Tag an. Bern hatte Lust auf Säugetiere von Statur, die einen Besuch im Dählhölzli zum Erlebnis machten. Mit 128 703 Eintritten erreichte das Publikumsaufkommen 1972 einen neuen Höchststand; trotz ungünstigem Wetter, wie Sägesser im Jahresbericht an den Gemeinderat mit Genugtuung betonte.[143]

ZUM FREUNDSCHAFTSPREIS

Im Mai 1975 wurde das provisorische Bärengehege im Tierpark frei, weil die Mutzen nach der Renovation des Bärengrabens an ihren alten Standort zurückkehrten. Sägesser konnte ein nächstes Ausrufezeichen setzen. Mit geringen Kosten für ein stabiles Deckengitter liessen sich darin Raubkatzen unterbringen.[144] Tropische Vertreter wie Löwen kamen für Sägesser nicht infrage. Es mussten winterharte Katzen sein, die zum hiesigen Lebensraum und Klima passten. Nach einer internen Evaluation waren nur Schneeleoparden oder Sibirische Tiger geeignet. Gegen Erstere listete Sägesser gleich selbst gewichtige Argumente auf. Schneeleoparden seien schwierig zu beschaffen und deswegen teuer. Bei ihnen würden sich selten Zuchterfolge einstellen. Zudem böten sie einen geringeren Schauwert, weil sie tagsüber meist zusammengerollt herumlägen. Ganz anders die Tiger, für die Sägesser offen warb. Die Grosskatzen seien ein Publikumsmagnet. Mit deren Haltung und Nachzucht würde das Dählhölzli einen Beitrag zur Erhaltung der bedrohten Art leisten, wobei er an die aktuelle WWF-Aktion zur Rettung der Tiger erinnerte und damit zwischen den Zeilen andeutete, dass sich der Tierpark in der Öffentlichkeit als zukunftsgerichtete Institution präsentieren könnte. Sein stichhaltigster Trumpf jedoch war ein mehr als vorteilhaftes Angebot, das auf seinem Tisch lag. Zum Freundschaftspreis von 7000 Deutschen Mark würde ihm der Zoo Karlsruhe ein Zuchtpaar überlassen. Auf Antrag des Tierparkvereins stimmte die städtische Tierparkkommission dem Ansinnen einstimmig zu.[145] Bald darauf reisten Sägesser und Tierpfleger Sommer in die Bundesrepublik. Obschon das Wetter garstig war, bestand der Karlsruher Zoodirektor Karl Birkmann auf einen Rundgang. Gut möglich, dass er seinen Gästen unterwegs die Anekdote von Peco erzählte.[146] Aus Ärger über den Schrumpfungserlass der Stadt, der den Zoo zwecks Einsparungen zur Aufgabe von Tierarten zwang, trennte Birkmann Peco bei der nächsten Tigergeburt nicht vom Weibchen. Mit diesem Entscheid ging er ein hohes Risiko ein. Er musste damit rechnen, dass der Tiger die Jungen auffressen würde. Zum Glück liess dieser den Nachwuchs in Ruhe. Nach aussen vermittelten die Tiger das Bild einer sich rührend um den Nachwuchs kümmernden Kleinfamilie. Sehr zur Freude des Publikums, das von nah und fern anreiste und dem Karlsruher Zoo dringend benötigte Einnahmen bescherte.

Als Birkmann mit den Bernern endlich vor den Käfigen der Sibirischen Tiger stand, wurde es Sommer, der als gelernter Metzger das Tigerpaar Igor und Nadja betreuen sollte, «gschmuech».[147] Ausgewachsene Tigermännchen wiegen zwischen 180 und 300 Kilogramm, Weibchen zwischen 100 und 170 Kilogramm. Die Länge zwischen Kopf und Rumpf beträgt bis zu 200 Zentimeter, die Schwanzlänge bis zu 100 Zentimeter, die Schulterhöhe bis zu 105 Zentimeter. In Bern hatte es der Tierpfleger mit «chlyneri Büssi» zu tun. Sägesser hingegen war von der Schönheit der Tiere fasziniert. Beide Sibirischen Tiger waren im internationalen Zuchtbuch verzeichnet, also reinrassig, und die zehnjährige Nadja hatte bereits bewiesen, dass sie einen Wurf aufziehen konnte. Rasch hätten sich die Zoodirektoren geeinigt, erinnerte sich Sommer. Den Transfer der Tiger legten sie auf den 31. Juli fest.

Was war vom Freundschaftspreis zu halten? Ein Artikel der *Neuen Zürcher Zeitung* über die Rolle der Zoos als Tierhändler listete Richtpreise für Tierarten auf.[148] 1973 lag der Handelspreis für einen Sibirischer Tiger bei 12000 Franken. Zum Vergleich: Ein Wolf kostete 400 Franken, ein Eisbär 7000 Franken. Wer demnach für ein Zuchtpaar Sibirischer Tiger 7000 Deutsche Mark bezahlte, machte ein Schnäppchen. Allerdings blieb der Unterhalt der Raubkatzen kostspielig. Pro Tag verzehrt ein Tiger zwischen vier und zehn Kilogramm Fleisch, was knapp 1900 Kilogramm im Jahr macht.

Für die Kaufsumme sprang die 1952 gegründete Seelhofer-Stiftung mit Sitz in Worb ein, die das Geld unbürokratisch und rasch zur Verfügung stellte. Diesen Umstand lobte Sägesser im vierteljährlichen Rechenschaftsbericht zuhanden der städtischen Behörden ausdrücklich. Nur dank der schnellen Bezahlung, gab er zu verstehen, sei es Bern gelungen, andere Interessenten auszustechen.[149]

Hannes Sägesser (links) und Fred Sommer (rechts) mit Karl Birkmann (Mitte) vor dem Tigergehege in Karlsruhe: zwei Generationen von Zoodirektoren mit ihren zeittypischen Moden und ein Tierpfleger jenseits aller Eitelkeiten. Die Aufnahme stammt wohl vom 30. Juli 1975.

TIGER IN TRANSPORTKISTEN

Nichts brachte Igor am Tag der Umsiedlung nach Bern dazu, in die mit Blech ausgeschlagene Holzkiste zu schlüpfen.[150] Während sich Nadja ködern liess, musste das Tigermännchen mithilfe einer Pistole narkotisiert werden. Mehrere Männer hoben schliesslich den betäubten Igor in die Kiste. Für die Tiger bedeutete der Transport viel Stress. Nicht weniger gestresst dürften die Tierpfleger gewesen sein, unter ihnen Sägesser und Sommer, die Igor und Nadja in Karlsruhe abholten. Tiertransporte waren voller Unwägbarkeiten, weil es an Routine fehlte. Nicht selten kam es daher zu Pannen, die mitunter Tiere und Menschen in Gefahr brachten.

Dem Umzug nach Bern ging ein erheblicher administrativer Aufwand voraus. Kurz zuvor war die Washingtoner Konvention über den Tierhandel in Kraft getreten. Seit dem 1. Juli 1975 war der illegale Fang und Verkauf von seltenen Tierarten verboten. Ohne Ausfuhrerklärung, Einfuhrbewilligung, Herkunftsbescheinigung und einen Amtstierarzt an der Grenze liess weder der deutsche noch der schweizerische Zoll den Tiertransport passieren.

Doch alles lief nach Plan. Gegen Abend des 31. Juli kamen Igor und Nadja per Lastwagen im Tierpark an. Die Transportkisten wurden abgeladen, ins Raubtierhaus gebracht und auf die beiden Schlafboxen verteilt. Nach dem Öffnen der Kisten geschah: nichts. Weder in der Box von Igor noch in derjenigen von Nadja. Beide Tiger rührten sich nicht von der Stelle und blieben stundenlang im Verborgenen, unberührt von der Tatsache, dass hinter den Gitterstäben die halbe Belegschaft darauf wartete, die ersten Schritte der Tiere auf Berner Boden mitzuerleben. Nachdem die beiden Raubkatzen den Innenraum endlich in Beschlag genommen hatten, verbrachten sie in diesen engen Verhältnissen eine ganze Woche, bis sie sich getrauten, das Aussengehege auszukundschaften. Als sie schliesslich draussen waren, hatte Sommer seine liebe Mühe, die Tiger am Abend wieder in die Schlafboxen zu locken, denn während der Nacht blieben sie dort eingeschlossen. Es brauchte beiderseits Zeit, bis sich die Abläufe einspielten.

Stolz berichtete *Der Bund* über die neueste Anschaffung des Tierparks.[151] Wie schon Sägesser rechtfertigte auch die Zeitung den Kauf der Tiger mit dem Argument, die Tierart stehe kurz vor der Ausrottung. Noch würden im Amurgebiet und in der Mandschurei knapp 200 Exemplare leben, während das internationale Zuchtbuch rund 350 Sibirische Tiger in 95 Zoos auflistet. Solche Angaben zum dramatisch geschrumpften Bestand der weltweit grössten Raubkatzen steigerten den Wert des Berner Zuchtpaars und schärften das Profil des Tierparks als tierschützerische Institution. In Scharen pilgerte das Publikum ins Dählhölzli. 1975 knackten die Eintritte erstmals die

Marke von 200 000 Personen. In wenigen Jahren erreichte Sägesser praktisch eine Verdoppelung der Besucherzahl. Seine Vorwärtsstrategie ging voll auf.

In seiner Schlafbox präsentiert sich der Sibirische Tiger Igor im August 1975 mit typischer Drohgestik: flehmend und mit eng nach hinten angelegten Ohren.

EIN GUT GEHÜTETES GEHEIMNIS

Für das seit 1973 geführte internationale Zuchtbuch der Tiger ist der Zoo Leipzig zuständig. Seit bald fünfzig Jahren trägt Peter Müller, ehemaliger Zoodirektor in Leipzig, die Informationen zusammen.[152]

In der Datenbank ist Igor unter der Identifikationsnummer 906 verzeichnet. Laut dem Eintrag kam der Tiger am 25. Oktober 1971 in Karlsruhe zur Welt. Die beiden Elterntiere von Igor, ein 1965 geborenes Geschwisterpaar aus dem Zoo Rotterdam, waren im Alter von einem Jahr an Karlsruhe abgegeben worden, wo der Vater bis zu seinem Ableben blieb.[153] Nach diesen Angaben wies Igor eine genetische Besonderheit auf, die ihn mit einem Makel behaftete: Er war das Resultat einer Verpaarung unter Geschwistern.

Igors Grosseltern wiederum verbrachten ihre Lebenszeit ebenfalls in der holländischen Hafenstadt, wobei das männliche Tier ursprünglich aus Leipzig zugekauft worden war. Diese Rotterdamer Generation verdient Beachtung, da beide Tiere ihrerseits von Wildfängen abstammten. Das Männchen ging auf zwei im Nordosten von China gefangene Tiere zurück, das Weibchen auf zwei in der russischen Region Primorje aufgegriffene Tiger. Eine solche Konstellation, hält Müller mir gegenüber in einem Mail fest, sei selten und mache diese Tiere und deren Nachkommen für die Zucht zu äusserst wertvollen Tigern.[154] Diese Feststellung trifft für Igor aufgrund seiner Geschwister-Eltern nur mit Abstrichen zu.

Das Zuchtbuch gibt eine zweite, höchst problematische Tatsache preis: Beim Tigerweibchen Nadja handelte es sich um Igors Mutter. Hätte sich Nadja aufgrund ihrer exklusiven Herkunft mit blutsfernen Tigern gepaart, hätte sie die neue Blutslinie in der Zoopopulation weitergetragen. Da sie als Zuchtweibchen für ihren Sohn Igor vorgesehen war, verkehrte sich die Chance durch Inzucht in ihr Gegenteil. Diese für die Zucht bedeutungsvollen Hinweise tauchen weder in Sägessers Berichten zuhanden der Stadt auf noch im «Personalblatt» der Tiger, also in der zoointernen Fiche, in der alle wesentlichen Fakten und Ereignisse zu den Individuen einer Tierart vermerkt werden.[155] Auch in Sägessers Agenda steht nichts dazu. Dafür gibt es zwei mögliche Erklärungen: Entweder wusste er nichts davon, weil er die Angaben im Zuchtbuch nie zu Gesicht bekommen und Birkmann ihn nicht darauf aufmerksam gemacht hatte. Oder aber, er behielt dieses Wissen für sich.

Für Letzteres spricht der Umstand, dass im «Personalblatt» sehr wohl Angaben zur Herkunft von Igor und Nadja festgehalten sind, die eindeutig aus dem Zuchtbuch stammen. Neben den Identifikationsnummern notierte Sägesser die Geburtsdaten und die «Breeder Number» der beiden Tiger. Dabei handelt es sich um eine zusätzliche

Identifikationsnummer, im Fall von Igor um «Karl 5». Diese Kodierung bedeutet, dass Igor der fünfte in Karlsruhe geborene Tiger war. Aufschlussreich ist auch, dass Sägesser einige wenige Daten nachträglich korrigierte, etwa Igors Geburtsjahr, das er anfänglich auf 1969 datiert hatte, statt korrekterweise auf 1971. Laut Müller lebten in den 1970er-Jahren nur rund hundert Amurtiger in den Zoos der Welt, die für eine Zucht infrage kamen. Aufgrund dieser geringen Zahl konnte Inzucht nicht strikt vermieden werden.[156] Dem lässt sich beifügen, dass Inzuchten manchmal ungewollt zustande kommen, etwa weil Jungtiere zu lange beim Muttertier bleiben oder es unter Geschwistern zu Verpaarungen kommt. Erst seit Mitte der 1980er-Jahre werden laut Müller regionale Zuchtprogramme mit einem wissenschaftlich begründeten Populationsmanagement geführt, das in Zuchtbüchern registrierte und zur Zucht geeignete Tiere unter den beteiligten Zoos vermittelt. Vielleicht schätzte Sägesser die Risiken geringer ein, weil er dem Erhalt der Tierart höchste Priorität beimass. Vielleicht packte er die sich ihm bietende Gelegenheit, günstig in den Besitz von Sibirischen Tigern zu gelangen, einfach beim Schopf, obschon im Grunde genommen die Voraussetzungen für eine Erhaltungszucht nicht gegeben waren.

Warum Birkmann in Karlsruhe ausgerechnet Igor und Nadja zum Verkauf anbot, lässt sich nicht mehr eruieren. Aus Sicht der Arterhaltung war die Auswahl höchst problematisch, da die menschgesteuerte Tigerpopulation durch solche Praktiken an genetischer Vielfalt verliert und gesamthaft die Anpassungsfähigkeit der Tiere, beispielsweise gegenüber Krankheiten, abnimmt. Das gilt insbesondere für die Tiger *(Panthera tigris),* die im Vergleich zu anderen Katzenarten nur eine mittlere bis geringe genetische Variabilität aufweisen; vor allem die Unterart der Sibirischen Tiger gilt als genetisch homogen.[157] Bei der Wahl der Tiere dürfte Birkmann verschiedene Faktoren in Erwägung gezogen haben: die Platzverhältnisse vor Ort, die Zusammensetzung des Karlsruher Bestands, die Nachfrage nach Jungtieren und die Temperamente der Tiger. Selbst wenn er die Einträge des Zuchtbuchs nicht gekannt hatte, so wusste er zumindest, dass Igor aus einem Wurf von Nadja stammte. Denn Igor kam in Karlsruhe zur Welt, in Birkmanns Zoo, unter seiner Amtszeit. Mit Blick auf das Zuchtbuch erscheint der Freundschaftspreis in einem neuen Licht.

BEENGTE RAUMVERHÄLTNISSE

Wer Igor im Dählhölzli besuchen wollte, begab sich zur Kasse des Vivariums. Anschliessend verliess er das Gebäude durch die Hintertüre. Auf dem Weg zum Kleinraubtierhaus passierte er die Gehege der Przewalski-Pferde, Fischotter, Elche, Wisente und Karpatenluchse. An das auftauchende Kleinraubtierhaus schloss dann die Anlage der Tiger an. Igors Käfig bestand aus zwei Teilen.[158] Die Nächte verbrachte er in einer Schlafbox, und zwar getrennt von Nadja. Dafür standen Igor sechs Quadratmeter, Nadja neun Quadratmeter zur Verfügung. Nachts blieben die beiden aus Sicherheitsgründen in den Innenräumen, weil die Aussenanlage im Waldbereich stand. Bei Sturm drohte Gefahr durch umstürzende Bäume, die das Gitter hätten beschädigen und so einen Ausbruch der Tiger ermöglichen können.

Tagsüber bewegten sich die Tiger in einem Aussengehege von hundert Quadratmetern, dessen Bodengrund aus Sand bestand. Im hinteren Teil der Anlage hatte man einen Liegeplatz eingerichtet, dessen Boden und Wände mit Holz ausgekleidet waren. Gleich daneben befand sich ein Wasserbecken von einem Meter Tiefe, das mit Frischwasser gespiesen wurde. An Pflanzen besass das Gehege nur einige Sträucher, die von Zeit zu Zeit ersetzt werden mussten, weil sie wegen des Urins der Tiger eingingen. Eine Felsgruppe und am Boden verteilte Baumstämme ergänzten die karge Innenausstattung. Den Betonmauern entlang waren Halbrundhölzer zum Kratzen angeschraubt. Zwischen den Besuchern und dem Gitter lagen zwei Meter Grünfläche. Schaute Igor durch das Gitter hindurch, hatte er die Wildpferdanlage mit dem Wassergraben im Blick, der den Seehunden als Becken diente. Zog er die Luft ein, drang der Duft von Beutetieren in seine Nase. Spitzte er die Ohren, hörte er den Lärm des hinter der Tigeranlage gelegenen Freibads beziehungsweise im Winter der Kunsteisbahn KaWeDe.

In der freien Wildbahn durchstreifen Sibirische Tigermännchen Reviere von bis zu tausend Quadratkilometern. Ihre Territorien überschneiden sich mit denjenigen von mehreren Weibchen, die für sich kleinere Flächen beanspruchen. Im russisch-chinesischen Grenzgebiet entlang des Flusses Amur bevorzugen sie Wälder mit dichtem Unterholz, wo sie dank ihrer Fellzeichnung kaum zu erkennen sind. Ihre Reviere markieren die Einzelgänger mit Urin und mittels Kratzspuren. Nur während der Paarung bleiben Männchen und Weibchen für ein paar Tage zusammen.

An den beengten Raumverhältnissen nahm niemand Anstoss. Sie entsprachen den Mindestanforderungen des Washingtoner Artenschutzübereinkommens, das für zwei Tiger mindestens hundert Quadratmeter verlangte. Im Vergleich zu Zürich oder Leipzig war die Berner Anlage gar leicht grösser.[159] Noch vorteilhafter fiel der Vergleich mit den in Zirkussen oder in Privatzoos gehaltenen Tieren aus. Deshalb bot der Betonbau, der eine gute Sicht auf Igor und Nadja ermöglichte, keinen Anlass zur Kritik.

ERHALTUNGSZUCHT

Am 3. Dezember beobachtete Tierpfleger Sommer, wie sich die Tiger paarten. Die erfreuliche Nachricht vermerkte Sägesser in seiner Agenda unter dem Stichwort «Paarung Tiger». Was auf den ersten Blick als einmaliges Ereignis erscheint, erweist sich in Tat und Wahrheit als tagelanges Ritual. Darüber wissen wir dank der Studie von Wiedenmayer bestens Bescheid.[160] Das Weibchen Nadja war durchschnittlich alle 53 Tage, also sechs bis sieben Mal pro Jahr, paarungsbereit. Im Schnitt dauerte die Brunst acht Tage. In dieser Zeitspanne leitete das Weibchen durch Einnehmen der Kopulationshaltung oder das Männchen mit einem Nackenbiss die Paarung ein, und zwar über den ganzen Tag hinweg, zwei bis drei Mal pro Stunde. Die Paarung selbst nahm zehn bis dreissig Sekunden in Anspruch. Danach sprang Igor ab, während Nadja sich am Boden wälzte. Die ständigen Vereinigungen erhöhen die Chance auf einen Eisprung mit anschliessender Befruchtung.

Im Vergleich mit frei lebenden Tigern ist der beschriebene Paarungsrhythmus hoch. Dieses bei Zootieren verbreitete Phänomen wird Hypersexualität genannt. Wildtiere in Gefangenschaft neigen zu einem gesteigerten Sexualverhalten.[161] Ähnlich den stereotypen Bewegungsmustern deutet dies auf schlechte Haltungsbedingungen hin, die es den Zootieren verunmöglichen, viele ihrer natürlichen Verhaltensweisen auszuleben.

Das intensive Treiben im Aussengehege verdichtete Sägesser auf einen einzigen Eintrag, damit er ein Referenzdatum zur Berechnung der Tragzeit hatte. Vor dem vorausberechneten Wurftermin

Das Pressefoto vom 15. Juni 1976 zeigt Tierpfleger Fred Sommer mit den beiden ersten im Dählhölzli geborenen Tigern Ivan und Khan.

wurde Igor vorsichtshalber von Nadja getrennt. Weil sich das mit Spannung erwartete Ereignis partout nicht einstellen wollte, führte Sommer die beiden wieder zusammen.[162] Die Enttäuschung wich bald freudiger Überraschung, als Nadja am 20. Mai 1976 doch noch drei Männchen und ein Weibchen warf. Sägesser hatte sich um einen ganzen Monat verrechnet.

Eine tiergartenbiologische Faustregel besagt, dass die Geburt von Jungtieren ein Beleg für eine gute Tierhaltung sei.[163] Nur wenn sich die Tiere wohlfühlten, komme es zur Nachzucht. Zwar waren und sind Nachzuchten von Tigern keine Seltenheit und Geburten aus heutiger Sicht kein Indiz dafür, dass die Tiere artgerecht gehalten werden, aber sie sind auch nicht selbstverständlich. Schon gar nicht für einen Tierpark, der keinerlei Erfahrung in der Haltung von Tigern hatte.[164] In den Augen der Tierparkverantwortlichen handelte es sich um einen Riesenerfolg, der ihnen mediale Aufmerksamkeit garantierte. Daran änderte die Tatsache nichts, dass das weibliche Tigerbaby nach wenigen Tagen und ein männliches Jungtier nach drei Wochen verstarben. Vorderhand behielt der Tierpark die Geburt der Tiger für sich. Das Muttertier und ihr Nachwuchs blieben in der Wurfkiste von Nadjas Box. Für den Rummel im hinteren Teil des Vivariums war es noch zu früh.

Als der *Bund* die Botschaft einen guten Monat später, am 27. Juni 1976, endlich öffentlich machte, versah er die Kurznachricht mit einem Foto der beiden Tigerbabys. Zwei herzige Wollknäuel blicken unbeholfen in die Kamera. Allein dieses Foto dürfte manch einen zum Gang ins Dählhölzli animiert haben. Auf die Sommerferien hin rechnete der Tierpark mit einem Grossandrang. So war es dann auch: Wann immer die Jungen das Aussengehege erkundeten, bauten sich vor dem Gitter Menschenansammlungen auf.

Ende August wurden die Tigerjungen zusammen mit den in unmittelbarer Nähe einquartierten Ginsterkatzen gegen die Katzenseuche geimpft.[165] Diese Impfung wurde standardmässig verabreicht, weil Hauskatzen aus dem Kirchenfeldquartier gern durch den Tierpark streiften und die Krankheit jederzeit einschleppen konnten. Eine nächste Herausforderung bestand in der Unterbringung des Tigernachwuchses. Spätestens nach fünf, sechs Monaten sind die Jungtiere von der Muttermilch entwöhnt. Bis sie in freier Wildbahn das Muttertier verlassen, um ein eigenes Revier zu suchen, vergehen bis zu vier Jahre. So lange konnte das Dählhölzli die Tiere unmöglich behalten, das liessen nur schon die Platzverhältnisse nicht zu. Deswegen verkaufte Sägesser die sechs Monate alten Männchen Khan und Ivan gesamthaft für 3000 Franken an Klaus Kälin in Brugg, der sie drei Monate später seinerseits an den Privatzoo Al Maglio in Magliaso (TI) veräusserte. Diese nicht artgerechte, frühe Abgabe von Jungtieren im ersten Lebensjahr entsprach den damaligen Gepflogenheiten, da man von den Muttertieren im nächsten Jahr wieder einen Wurf erwartete.[166] Der Fokus der Zoos lag laut Peter Müller auf der Reproduktion, um das Überleben der Sibirischen Tiger in Gefangenschaft sicherzustellen.

Tatsächlich verdichteten sich bereits im darauffolgenden Frühjahr die Anzeichen, dass Nadja wieder trächtig war. Die erstaunliche Erfolgsgeschichte machte innerhalb der Zoos die Runde und weckte Begehrlichkeiten. Als Nadja im Hinblick auf die bevorstehende zweite Geburt von Igor getrennt wurde, verfrachtete der Zoo Zürich sein Tigerweibchen Selenga nach Bern, in der Hoffnung, Igor würde das Weibchen decken, solange Nadja mit der Geburt und Aufzucht der Jungen beschäftigt war. Während Nadja am 1. Mai 1977 zum zweiten Mal innerhalb eines Jahres gebar, nämlich zwei weibliche und ein männliches Jungtier, wollte es im Aussengehege nicht klappen, wie Tierpfleger Sommer dem *Bund* verriet.[167] Mittlerweile kannte er die Launen und Macken seiner Zöglinge.

Nach sechs Monaten trennte sich der Tierpark von Nadjas Nachwuchs. Für 5000 Franken gingen die Jungtiere an den Kinderzoo Rapperswil beziehungsweise an den Dompteur Erich Leuzinger, der bald darauf mit seinen Raubkatzen ins ostdeutsche Herzberg weiterzog. Die Abgabe von Tigern an Zirkusse oder an einen Dompteur war nicht unüblich.[168] Trotz der Zuchtprogramme für bedrohte Tierarten fehlte eine internationale Koordination, die im Voraus abgeklärt hätte, wer allfällige Nachzuchten übernehmen würde. Da diese forciert wurden, waren die Zoos froh, wenn sie ihre «überzähligen» Jungtiere rasch abstossen konnten.

Auch wenn die Zoos kooperierten, reichte die Zusammenarbeit nicht, um eine sich langfristig selbst erhaltende Population aufzubauen. Da überall erfolgreich gezüchtet wurde, verschärften sich die Absatzprobleme derart, dass die Zoos einen Strategiewechsel vollzogen. Durch Hormonabgaben, so fasst der Kölner Zoodirektor Gunther Nogge die Tigerzucht der 1970er- und 80er-Jahre zusammen, wurde alsbald die Reproduktion minimiert.[169] Das führte innerhalb weniger Jahre zu einer Überalterung des Bestands, sodass zuchtfähige Tiere rar waren. Unter den Zoos wuchs die Einsicht, dass es ohne ein international koordiniertes Zuchtprogramm nie gelingen würde, eine stabile und gesunde Tigerpopulation aufrechtzuerhalten.

«WENN IHR DIE FREIHEIT EINSPERRT, WIRD SIE STERBEN»

Am Freitagabend des 20. Juni 1980 versammelten sich rund zweihundert Personen beim Bärengraben.[170] Die jungen Menschen interessierten sich nicht für die Bären, die längst in Sicherheit gebracht worden waren und eine Etage tiefer in ihren Stallungen unruhig auf und ab gingen. Die Jugendlichen interessierten sich für das leer stehende Tramdepot. Sie wollten das als Lagerraum verwendete Gebäude in ein «Traumdepot» verwandeln, und zwar subito! Da die Polizei die Besetzung und das Ausrufen eines Autonomen Jugendzentrums (AJZ) bis in die Nacht hinein vereitelte, zogen die Demonstranten zu später Stunde in die Oberstadt. Als auf dem Bärenplatz Scheiben in Bruch gingen und Bierflaschen flogen, griff die Polizei mit Wasserwerfern und Tränengas durch.

Am nächsten Morgen hatte Bärenwärter Emil Hänni junior alle Hände voll zu tun. Hartnäckig weigerten sich die Bären, ihre Ställe zu verlassen. Zu gegenwärtig waren den Tieren die Krawalle vom Vorabend. Zu den Nachwehen am Bärengraben zählten auch Sprayereien. In Anlehnung an die Vorkommnisse rund um das Zürcher Opernhaus fasste Sägesser das Geschehen in seiner Agenda unter dem Stichwort «Bärengrabenkrawall» zusammen, wobei er sich über die «verschmierte» Wand ärgerte.[171] Aus einem nächsten Eintrag geht hervor, dass er von der Polizei die Zusage erhielt, dass diese bei Einsätzen vor Ort aus Rücksichtnahme auf die Bären kein Tränengas verwenden würde.[172] Mit weiteren Krawallen rund um den Bärengraben musste gerechnet werden, weil die Berner Stadtregierung eine Nutzung des Tramdepots als autonomes Jugendzentrum nicht zuletzt mit Hinweis auf die Bären strikt ablehnte. Aufgrund der direkten Nachbarschaft sei der Standort ungeeignet, argumentierte Stadtpräsident Werner Bircher im Parlament, immerhin gehe es um Berns Wappentier.[173] Gemäss dieser Argumentationslogik stand nicht das

Tierwohl im Vordergrund, sondern der zu zollende Respekt vor dem historischen Symbol.

Von Anfang an geriet der Tierpark bei den Auseinandersetzungen zwischen der Jugendbewegung und den Behörden zwischen die Fronten. Selbst als sich im heissen Sommer 1980 zwischenzeitlich das Geschehen nach Bümpliz verlagerte, wo sich die «bewegten» Jugendlichen für zwei zum Abbruch freigegebene Bauernhäuser einsetzten, flog ein Kessel mit Dispersionsfarbe in den Bärengraben. Kurze Zeit darauf schnitt ein Unbekannter das Gitter des Tiger-Geheges auf.[174] Die Lage blieb angespannt.

Am 2. Februar 1981 wurde im Tierpark ein weiteres Gitter aufgeschnitten, diesmal jenes der Pumas. Wieder erstattete der Tierpark Anzeige gegen Unbekannt.[175] War die von England ausgehende «Animal Liberation», eine radikale Form der Tierbefreiungsbewegung, in Bern angekommen?[176] Eine Woche später stieg ein junger Mann ins Gehege der Wölfe.[177] Da diese im Unterschied zu den Raubkatzen über Nacht nicht eingesperrt wurden, bissen sie dem Eindringling ins Bein und verletzten ihn schwer. Wie sich herausstellte, hatte der junge Mann schon versucht, ins Gehege der Tiger und in dasjenige der Pumas einzudringen. Die aufgeschnittenen Gitter gingen auf sein Konto. Das Motiv seiner Tat blieb schleierhaft. Über die Hintergründe dieser tragischen Geschichte deutete Sägesser im Vierteljahresbericht an den Gemeinderat nur an, der junge Mann scheine zeitweise geistig verwirrt gewesen zu sein.[178]

In der Silvesternacht 1981 wurden wieder Gitter aufgeschnitten. Diesmal traf es die Füchse, Dachse, Waldrappen, Kuhreiher, Schneehühner und Alpenkrähen. Längst nicht alle Tiere schlüpften durch die Löcher hindurch und entwichen in den Wald, und wer ausgebüxt war, kehrte am Morgen von sich aus ins Gehege zurück, ausser Peter, der Fuchs.[179] Die «Vandalenakte» hielt der Tierparkdirektor akribisch fest. Sein Unverständnis für die «Befreiungsaktionen», welche die Tiere grossem Stress und Gefahren aussetzten, brachte er in seinen Berichten an die Stadtverwaltung immer dezidierter zum Ausdruck.[180]

Je mehr Tränengas und Gummigeschosse die Polizei auf die Demonstranten abfeuerte, desto öfter sah sich der Tierpark mit Kundgebungen konfrontiert. Der Beschluss des Gemeinderates vom 4. Februar 1982, die Finanzhilfe für die Reitschule zu sistieren und de facto den Kulturbetrieb im AJZ einzustellen, weil sich Stadt und Bewegung nicht auf ein Betriebskonzept hatten einigen können, versprach diesbezüglich nichts Gutes. Schon bald missbrauchten nächtliche Sprayer rund zwanzig Hinweistafeln im Dählhölzli für ihre Parolen.[181] Leider hat Sägesser die Slogans nicht notiert. Es wäre interessant zu wissen, ob darin Kritik an der Zootierhaltung geäussert wurde oder ob sich die Parolen an die Politik und die Gesellschaft richteten. Die Bewegung setzte sich für Freiräume ein und träumte von neuen Lebensentwürfen. Der als spiessig und konservativ wahrgenommenen Mentalität ihrer Eltern stellte sie spontane Lebensfreude gegenüber. Sie kritisierte den Konsum, beklagte die Naturzerstörung, prangerte das Wirtschaftsgebaren von Schweizer Firmen und Banken an und forderte billigen Wohnraum. Einer politischen Debatte verweigerte sie sich. Oft wendete sie ihre Slogans ins Absurde: «Bär oder nicht Bär, das ist hier die Frage» war eines Morgens am Bärengraben zu lesen.[182]

Seit dem Gemeinderatsbeschluss vom Februar lag die Schliessung der Reithalle in der Luft. Doch die Stadtbehörden zögerten. Erstens konnten sie keine tragfähige Lösung präsentieren. Zweitens wollten sie den Jugendlichen keinen Vorwand für weitere Krawalle liefern. So herrschte in der Stadt über Wochen eine angespannte Blockade, bis eine absurde Aktion im Dählhölzli, die schweizweit für Aufsehen sorgte, das Fass zum Überlaufen brachte.

In der Nacht auf Ostersonntag drangen zwei junge Männer ins Freigehege unten an der Aare ein und töteten einen Jungfernkranich. Beim Wasserpumpwerk Schönau am gegenüberliegenden Ufer rupften sie das Tier, schnitten dem Vogel den Kopf ab und spiessten das Herz auf dessen Schnabel. Mit dem ausgenommenen Kranich unter dem Arm marschierten sie zur Reitschule, wo sie den Kranich auf offenem Feuer brieten. An der Gerichtsverhandlung gab der Hauptbeschuldigte an, sie hätten die Tat verübt, weil sie Hunger hatten, zudem seien sie unter Alkohol- und Medikamenteneinfluss gestanden. Auch habe er nicht gewusst, dass er einen seltenen Kranich erbeutet habe. Er habe den Vogel nur erwischt, weil er gestutzte Flügel gehabt und sich im Draht verheddert habe.

Schweizweit ging eine Welle der Empörung durchs Land. Auf Nachfrage der Presse bezifferte das Dählhölzli den Wert des Vogels auf gut 1000 Franken. Pressefotos zeigten die eleganten Jungfernkraniche, deren Artgenosse der grausigen Tat zum Opfer gefallen war.[183] Solche und ähnliche Artikel befeuerten den Skandal. Dem Tierpark kam in der Groteske die Rolle des trauernden Geschädigten

TIGER IGOR 100

zu, während sich die jungen Aktivisten über das Drama ärgerten, das im Dählhölzli wegen eines einzelnen Kranichs veranstaltet wurde. Interessanterweise kam in derselben Osternacht im Tierpark auch eine Gans ums Leben, ebenfalls durch Menschenhand. Deren Tod widmete man lediglich eine Randnotiz.[184] Ohne politischen Bezug berührte das Schicksal der Gans niemanden.

Einen Tag nach dem «Kranichmord», wie Sägesser den Zwischenfall nannte, wurde der Bärengraben mit der Parole «Bären-KZ» beschmiert, worauf der Tierparkdirektor fürs Erste die rasche Entfernung der Buchstaben «KZ» veranlasste.[185] Angesichts der skandalösen Ereignisse rund um das Dählhölzli forderte eine Mehrheit der Bevölkerung ein hartes Durchgreifen. Der Druck auf die Behörden war derart gross geworden, dass er den Gemeinderat dazu bewogen haben dürfte, die Schliessung der Reithalle anzuordnen, selbst unter Inkaufnahme von Krawallen. Am 14. April 1982 ging die Räumung überraschend ruhig über die Bühne. In den darauffolgenden Nächten aber artete die Konfrontation zwischen der Polizei und den Jugendlichen in schwere Ausschreitungen aus. Zur selben Zeit versuchten Unbekannte zum wiederholten Mal, das Deckengitter des Pumageheges aufzutrennen, aber auch die Mauern des Tierparkrestaurants wurden laut Sägesser mit «sinnigen und weniger sinnigen Sprüchen» verziert.[186]

Aufgrund der massiven Repression, für die sinnbildlich das Gummigeschoss stand, kamen die Kundgebungen und Protestaktionen im Spätsommer 1982 zum Erliegen. Die Bewegung zog sich in den Untergrund zurück. Dass sie sich nicht aufgelöst hatte, belegen die nicht minder heftigen Konflikte einige Jahre später um das «Freie Land Zaffaraya», einem Zeltdorf auf dem ehemaligen Gaswerkareal, sowie die fortlaufende Besetzung leer stehender Häuser. Während in der Stadt vorerst Ruhe eingekehrt war, blieb der Tierpark Zielscheibe von Aktionen. An einem Oktobermorgen tummelten sich über dreissig Damhirsche im Wald, nachdem die Zäune an neun Stellen aufgerissen worden waren.[187] Die Hirschgruppe kehrte in ihr Gehege zurück, als die Tierpfleger aufkreuzten. Mit Genugtuung berichtete Sägesser auch vom Verhalten der Rothirsche. Bis auf eine Hirschkuh, die ausgebüxt war und dem Gitter entlang zu einem Tor getrieben werden musste, nahm kein Tier das Angebot zur Flucht wahr. Mit ihrem Verhalten straften sie die «Befreiungsaktion» Lügen und bestätigten eine alte Regel der Tiergartenbiologie, wonach das Gehege für die Zootiere kein Gefängnis, sondern ein Revier darstellt, das sie mittels Markierungen zu ihrem Territorium machen und gegen Eindringlinge verteidigen. Heini Hediger bezeichnete die Tiere gar als Grundbesitzer ihres Territoriums.[188] Ein letztes Nachbeben der Jugendunruhen galt den Tigern. Mit ihnen identifizierten sich die «Bewegten», in ihnen sahen sie Leidesgenossen, lebten sie doch wie die Grosskatzen in einem Gefängnis. Als sich Tierpfleger Sommer an einem Morgen im Spätherbst 1984 zum Raubtierhaus begab, stand auf der Aussenmauer in grossen Buchstaben: «Wenn ihr die Freiheit einsperrt, wird sie sterben.»[189] Vielleicht summte der unbekannte Sprayer während seiner Aktion Georg Danzers Lied «Die Freiheit».[190] Darin erzählt der Liedermacher von einem Zoobesuch. In einem der Käfige wird die Freiheit gezeigt. Doch der Käfig ist leer. Kaum ist die Freiheit eingesperrt, ist sie weg: «Denn nur in Freiheit kann die Freiheit Freiheit sein», lautet der Refrain des 1979 getexteten Songs.

Die turbulenten Jahre hatten dem Tierpark eine hohe mediale Aufmerksamkeit beschert. Das zeige wieder einmal, resümierte Sägesser, dass alles, was in den Tiergärten geschehe, viel stärker im Rampenlicht stehe als das bei anderen Kulturinstitutionen der Fall sei.[191] Dennoch: Sägesser sehnte sich nach ruhigeren, protestfreien Zeiten.

EIN TRAGISCHER ZWISCHENFALL

Tierarzt Peter Sterchi entschied sich für 400 Milligramm Rompun und 3 Milliliter Ketalar.[192] Rompun wirkt sedativ, schmerzmildernd und muskelentspannend und versetzt das Tier in einen narkose-ähnlichen Zustand. Ketalar ist ein schnell wirkendes Anästhetikum, dessen Wirkung zehn bis zwanzig Minuten anhält. Diese Dosis reichte, um das Tigerweibchen zu betäuben, damit Sterchi ihr die eingewachsenen Krallen schneiden konnte. Der Eingriff gelang. Aber dann erwachte Nadja nicht mehr richtig aus der Narkose. Auch in den nächsten Stunden und Tagen erholte sie sich nicht. Da sie nichts frass, magerte sie ab. Sechs Tage später, am 10. August 1983, musste sie eingeschläfert werden.

Mit über 18 Jahren war Nadja sehr alt geworden. In freier Wildbahn werden Tiger im Schnitt zwischen 8 und 10 Jahre alt, in Gefangenschaft zwischen 12 und 18 Jahre, auch wenn im Einzelfall Zootiere noch älter werden können. Das hohe Alter der Tigerin tröstete über den unerwarteten Verlust hinweg. Nadjas Kadaver überliess der Tierpark für 400 Franken dem Muséum d'histoire naturelle der Stadt Genf. Dort lagern bis heute der Schädel und das Skelett, während das Fell 2017 entsorgt werden musste, weil es in einem miserablen Zustand war.[193]

Auf die für den Zoo unglücklichen Begleitumstände das Ablebens ging Sägesser in seinem Rechenschaftsbericht zuhanden der Stadt nicht näher ein, lieber wies er auf den eiligst beschafften Ersatz hin: «Zwei Tierpfleger holten im Ruhrzoo Gelsenkirchen die Sibirtigerin Narma.»[194] Das war bereits am 31. August 1983 der Fall gewesen, nur drei Wochen nach dem tragischen Zwischenfall. Mit der zweijährigen Narma bekam der mittlerweile knapp zwölfjährige Igor ein junges Weibchen zur Seite, das bald die Geschlechtsreife erreichen würde. Nachwuchs sollte sich keiner einstellen. Geplagt von Hüft- und Rückenarthrose war Igor nicht mehr zeugungsfähig.

MITLEIDERREGENDE FAULENZER IN EINEM BETONKÄFIG

In der Öffentlichkeit schwand das Verständnis für die Tigerhaltung. Beispielhaft dafür steht ein Leserbrief von 1986, der in der *Berner Zeitung* abgedruckt wurde.[195] Den Leserbriefschreiber deprimierte der Anblick zweier magerer, apathischer und leblos wirkender Tiger in einem engen Betonkäfig. Wie es möglich sei, fragte er rhetorisch, dass ein grosses und wildes Tier so eingesperrt werde, während Rehe und Hirsche mehr Bewegungsfreiheit hätten: «Ist es mit diesen Tieren verglichen tatsächlich vertretbar, den Tigern nur einige wenige Quadratmeter zu überlassen?»

Nicht nur beim Publikum, sondern auch innerhalb des Dählhölzli verloren die Tiger an Ansehen. In der Festschrift zum fünfzigjährigen Bestehen des Tierparks sucht man vergebens nach Igor und Narma.[196] Nicht einmal mehr auf eine der zahlreichen Illustrationen schafften sie es, als ob es sie gar nicht mehr gäbe, als ob sich die Leitung für sie schämte. An ihrer Stelle wurden vor allem die einheimischen Tiere vorgestellt. Der Berner Zoo präsentierte sich wieder als Tierpark. Die konzeptionelle Kehrtwende spiegelte sich nach und nach im Tierbestand, denn Sägesser ging dazu über, exotische Säugetiere aufzugeben, etwa die Bisons und die Kanadaluchse.[197] An den Tigern allerdings hielt er trotz Kritik fest. Am 26. April 1988 findet sich in Sägessers Agenda nach Jahren wieder ein Eintrag zu Igor. Es sollte die letzte Notiz sein. In wenigen Stichworten hielt der Direktor fest, dass der alte Tiger euthanasiert wurde, um ihn von seinen Beschwerden zu erlösen. Am gleichen Tag, an dem Igor eingeschläfert wurde, traf aus dem Tessin sein Ersatz ein. Aus dem nahtlosen Übergang lässt sich schliessen, dass der Entscheid zur Euthanasie des Tigers längst gefallen war, aber erst vollzogen wurde, als alles aufgegleist war.

IM DIENST DER AUFKLÄRUNG

Einen Tag nach seinem Tod lag der Tiger auf dem Seziertisch des Instituts für Tierpathologie.[198] Obschon er abgemagert war, zeigte die Waage 150 Kilogramm an. Zuerst untersuchte Pathologe Max Müller den Zustand der Haut. Er diagnostizierte ein Adenokarzinom, einen bösartigen Hautkrebs. Da das Karzinom oberflächlich nekrotisierend auftrat, wies Igors Fell mehrere Stellen von abgestorbenem Gewebe auf. Dann öffnete der Pathologe den Bauch. Bei den Lungen stiess er auf eine Pneumokoniose, auf eine Staublunge, bei den Blutgefässen auf Arterienverkalkung. Spuren einer Nephritis, einer Nierenentzündung im fortgeschrittenen Stadium, entdeckte er ebenfalls. Dazu kamen verengte Lymphgefässe, eine Wirbelsäule voller Verschleissspuren und Gelenke mit chronischen Knorpelschäden. Einsamer Lichtblick in diesem ansonsten niederschmetternden Bericht war das vollkommen intakte Gebiss des Tigers.

Für Naturhistorische Museen sind Tierknochen wertvolle Forschungsobjekte für zukünftige Einsichten. Das gilt besonders für bedrohte Arten. Aus diesem Grund hatten die sterblichen Überreste der Tigerin Nadja rasch einen Abnehmer gefunden. Selbst die drei jungen Tiger, die in den ersten Tagen oder Wochen im Tierpark verstorben waren, lagern bis heute als Flüssigpräparate im Naturhistorischen Museum Bern.[199] Es war daher unwahrscheinlich, dass Igor einfach verbrannt wurde. Normalerweise hält der Sektionsbericht fest, was nach der Untersuchung mit dem Kadaver geschieht. Nicht so im Fall von Igor. Da wir die Vergangenheit paradoxerweise nur an dem erkennen, was nicht vergangen ist, machte ich mich auf die Suche nach Igor. Die Naturhistorischen Museen der Schweiz, die ich der Reihe nach abklapperte, konnten mir nicht weiterhelfen. Wo steckte bloss der Tiger? Für Schulungszwecke besitzt die zoopädagogische Abteilung des Tierparks eine Sammlung von Objekten. Als ich dort hoffnungsvoll anfragte, ob sie einen Tigerschädel hätten, bestätigte mir dies Corne-

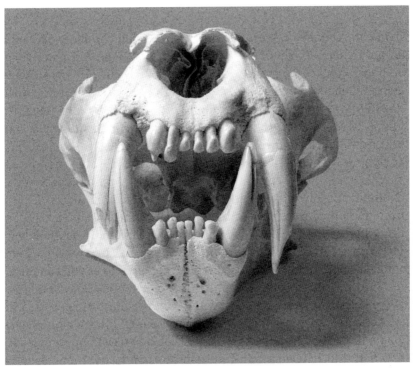

Von der pädagogischen Arbeit gezeichnet: Als der Schädel 1988 konserviert wurde, wiesen die Reisszähne keine Risse und Bruchstellen auf.

lia Mainini, Leiterin der Abteilung Bildung und Erlebnis. Ein interne Abklärung ergab, dass es sich tatsächlich um Igors Gebiss handelte. Was ich schweizweit gesucht hatte, lagerte quasi im Nebenzimmer. Den Kindern wird Igors Schädel zusammen mit einem Luchs- und einem Wildkatzenschädel gezeigt. Katzen weisen nämlich alle dasselbe Gebiss und dieselbe Anzahl Zähne auf, ganz unabhängig davon, wie gross sie sind, und ganz im Gegensatz zu den Wölfen beziehungsweise Hunden, bei denen die Anzahl Zähne nach Form und Grösse des Schädels variiert. Tausende von Kindern bestaunten Igors Reisszähne. Bei den meisten lösten sie die Vorstellung aus, sie hätten das Gebiss eines Säbelzahntigers vor sich. Durch die sinnliche Auseinandersetzung mit dem Schädel wiederauferstanden war nicht Igor, sondern eine vor 12 000 Jahren verschwundene Tierart, die stammesgeschichtlich nichts mit den heutigen Raubkatzen zu tun hat. Igor hat die Vorstellungskraft der Menschen schon immer befeuert.

MOSCHUSOCHSE TONI (1974-1982) UND DAS FREIZEIT-VERGNÜGEN

Schritt um Schritt geht der Moschusochse mit gesenktem Kopf rückwärts, ohne das Objekt aus den Augen zu lassen. Der rund 300 Kilogramm schwere Bulle namens Toni wiegt seinen Kopf hin und her. Unvermittelt galoppiert er los, schiesst nach vorne und schlägt mit voller Wucht kopfvoran auf einer hölzernen Eisenbahnschwelle auf. Es knallt. Als ob nichts geschehen wäre, zieht sich der stämmige Bulle mit gesenktem Kopf zurück, bis er aufs Neue angreift. Mithilfe einer Motorkamera weist Klaus Robin, wissenschaftlicher Assistent am Tierpark, nach, dass Toni mit rund vierzig Stundenkilometern auf den Prellbock zurast.[200] Die Wucht des Aufschlags verstärkt der Moschusochse, indem er kurz vor dem Aufprall eine Nickbewegung macht. Dank dieser Technik drückt Toni mit einem einzigen Stoss Eisenstangen von mehr als 8 Zentimetern Durchmesser und einer Wandstärke von 6 Millimetern flach. Mit drei Stössen zertrümmert er eine 15 Zentimeter dicke, armierte Betonmauer. Nichts ist seiner Urgewalt während der Brunft gewachsen. Damit sich der Moschusochse austoben kann, ohne jedes Mal sein Gehege zu demolieren, konstruieren die Städtischen Verkehrsbetriebe einen Prellbock. Eine Eisenbahnschwelle wird der Länge nach auf eine Tramfederung montiert und in der Mauer neben dem Abtrenntor zum Stall verankert. Warum die Schläge dem Hirn des Moschusochsen nichts anhaben, bleibt ein Rätsel. Auch wenn Tonis Schädelplatte zehn Zentimeter dick ist

und seine geschwungenen Hörner, die an
der Stirnmitte ansetzen, wie Stossdämpfer
wirken, ist das doch erstaunlich. Bis
zu zwanzig Mal stürmen die Bullen bei ihren
Rangkämpfen aufeinander los. An diesem
Spätsommertag knallt es in regelmässigen
Abständen. Lange wird der Prellbock den
Stössen nicht mehr standhalten. Es wäre der
vierte in Jahresfrist.[201]

VOM TIERPARK ZUM ZOO

Seit Hannes Sägesser die Leitung des Tierparks übernommen hatte, kamen immer neue Säugetierarten ins Dählhölzli, darunter spektakuläre Tiere wie die Seehunde, aber auch vom Aussterben bedrohte Arten wie die Przewalski-Pferde. Sägesser positionierte das Dählhölzli als attraktiven und engagierten Zoo. Dem Berner Publikum gefiel die Neuausrichtung. Dank der erstmals angeschafften Sibirischen Tiger wurde 1975 die Marke von 200 000 Besucherinnen und Besuchern geknackt.

Sägessers Vorwärtsstrategie spiegelte das schon lange anhaltende Wirtschaftswachstum in der Schweiz.[202] Seit 1950 hatten die Einkommen und Vermögen deutlich zugenommen.[203] Davon profitierten breite Gesellschaftskreise. Neben Wohlstand brachte der Aufschwung zusätzliche Ferienwochen und den arbeitsfreien Samstag. Dank des gestiegenen Lebensstandards ging der Anteil der Ausgaben für Nahrungsmittel, die früher das Familienbudget dominiert hatten, massiv zurück. Da Geld und Zeit vorhanden waren, erlebte der private Freizeitbereich einen Kommerzialisierungsschub.

Hier hakte Sägesser ein. Wann und weshalb sein Interesse auf die Moschusochsen fiel, lässt sich im Rückblick nicht mehr rekonstruieren. Die Tiere aus dem hohen Norden passten jedenfalls perfekt zu seiner Strategie. Als Vertreter der Arktis, die grosser Kälte trotzen, wiesen sie wegen ihres zotteligen Fells, der bis zu sechzig Zentimeter langen Haaren und der geschwungenen Hörner einen hohen Schauwert auf. Ihre an die Temperaturen des hohen Nordens angepassten Körper vermittelten ein archaisches Bild. Sie repräsentierten eine Landschaft aus Schnee und Eis. Die Arktis hatten die meisten Besucherinnen und Besucher schon einmal im Fernsehen gesehen, denn mittlerweile besass fast jeder Haushalt ein solches Gerät.

Mit den winterharten Tieren würden sich, da war sich Sägesser sicher, die Bernerinnen und Berner identifizieren. In urgeschichtlicher Zeit besiedelten die Moschusochsen den Raum der heutigen Schweiz. Nachdem sich die klimatischen Bedingungen verändert hatten, zogen sich die Tiere um 13 000 vor Christus in die kälteren Regionen des Nordens zurück.[204] Ihre einstige Präsenz belegte 1967 von Neuem ein Knochenfund in der Oberländer Gemeinde Eriz. Diesen urgeschichtlichen Zusammenhang strich Sägesser heraus, als er seine neuesten Anschaffungspläne gegenüber den Behörden rechtfertigte.²⁰⁵ Die Moschusochsen hatten das Potenzial zur Vorzeige-Tierart, umso mehr, als auch sie gefährdet waren, sodass der Tierpark mit ihrer Haltung einen weiteren Beitrag zum Erhalt einer bedrohten Tierart leisten konnte. Von den Tieren war Sägesser begeistert. Allerdings galten Moschusochsen als heikle Pfleglinge. Einerseits waren sie anfällig für Infektionen und durch Parasiten hervorgerufene Erkrankungen, andererseits eilte ihnen der Ruf der Unberechenbarkeit voraus. Ihre berüchtigten Kräfte wirkten abschreckend. Deswegen hielten nur wenige Zoos Moschusochsen. Wegen der kleinen Zoopopulation und der Dezimierung der wildlebenden Bestände

Die Przewalski-Pferde und die Baustelle versinnbildlichen im Winter 1976/77 den Aufbruch in der Ära Sägesser.

bot der Tierhandel kaum Exemplare an, und wenn Moschusochsen auf den Markt kamen, dann zu hohen Preisen. Im Umkehrschluss galt aber auch, dass die Haltung dieser Tiere das Profil des Berner Tierparks im Sinne eines Alleinstellungsmerkmals schärfen würde.

1975 hatte Sägesser ein kostspieliges Angebot vorliegen. Das offerierte Zuchtpaar stammte aus Kanada. Stier wie Kuh gehörten der kanadischen, und nicht der grönländischen Unterart an. Dadurch wurde das urgeschichtliche Argument streng genommen hinfällig, doch Moschusochse blieb Moschusochse, ob er nun aus Grönland stammte oder aus Kanada. Dem überseeischen Deal stimmte der Tierparkdirektor im Wissen zu, dass er soeben den teuersten Ankauf in der Geschichte des Dählhölzli eingefädelt hatte.

AL OEMINGS ALBERTA GAME FARM

Seine erste Karriere machte Al Oeming, ein Nachkomme deutscher Einwanderer in Kanada, als Wrestler.[206] Vor grossem Publikum bestritt der junge, gut aussehende Veteran des Zweiten Weltkriegs Schaukämpfe unter dem Künstlernamen «Natural Boy». Den Namen erhielt er, weil er nebenbei Zoologie studierte. Nach seiner Aktivkarriere gründete er mit einem Jugendfreund in Calgary die Agentur Stampede Wrestling, die professionelle Kämpfe organisierte. Mit dem Geld, das er für den Verkauf seines Firmenanteils erhielt, baute er ab 1959 die grösste, über 500 Hektar umfassende Wildtierfarm in Nordamerika auf. In seiner zweiten Karriere als landesweit bekannter Tierschützer tourte Oeming mit dem zahmen Gepardenweibchen Tawana durch ganz Kanada, um die Kinder in den Schulen für Tier- und Naturschutzanliegen zu sensibilisieren. Berühmtheit erlangte er mit der 1980 ausgestrahlten Tierfilmserie «Al Oeming. Man of the North». In den Dokumentarfilmen spielte er gleich die Hauptrolle und nahm das Publikum auf seine Expeditionen in den Norden Kanadas mit.

In den frühen 1970er-Jahren versammelte er auf seiner Wildtierfarm rund 3000 Tiere, verteilt auf ungefähr 800 Arten. Seit 1960 hielt Oeming Moschusochsen, Wildfänge aus dem Nordwesten Kanadas.[207] In dieser Gruppe wurde 14 Jahre später ein Stierkalb geboren. Den jungen Bullen verkaufte Oeming zusammen mit einer Kuh für 60 000 Deutsche Mark nach Bern. Dieses Geld brauchte er dringend. Obschon die Alberta Game Farm gut besucht wurde, deckten die Eintritte längst nicht alle Betriebskosten.

Gemäss dem Wechselkurs von 1976 entsprachen 60 000 Deutsche Mark etwas mehr als 60 000 Franken, die heute kaufkraftbereinigt rund 120 000 Franken gleichkommen. Den Betrag für den «wertvollsten Zuzug seit Bestehen des Tierparks» beglichen die Seelhofer-Stiftung mit 20 000 Franken und der Tierparkverein mit 40 000

Franken.[208] Angesichts eines Vereinsvermögens von knapp 570 000 Franken (Stand 1. Januar 1976) stellte die beachtliche Summe für den Verein kein Problem dar, sodass er gleich auch das neue Moschusochsengehege für 100 000 Franken sponserte.[209] Die historisch hohen Anschaffungen gingen diskussionslos über die Bühne.

PER FRACHTPOST NACH BERN INS NEUE GEHEGE

Edmonton und Bern sind über 7500 Kilometer Luftlinie voneinander entfernt. Noch in den 1950er-Jahren hätten die beiden Moschusochsen eine lange Reise per Schiff angetreten. Dass sie den Tierpark je lebend erreicht hätten, wäre damals alles andere als sicher gewesen. Übermässige Belastungen, Zwischenfälle aller Art und permanenter Stress führten dazu, dass Tiere während dem Transport vorzeitig auf den Schiffen oder in den Bahnwaggons starben oder ihren Zielort nach Wochen der Entbehrungen derart entkräftet erreichten, dass sie bald darauf im Zoo eingingen. 1976 hingegen dauerte die Reise ganze zwei Tage. Ein Lastwagen brachte den Stier Toni und das Weibchen Peggy von der Alberta Game Farm zum Flughafen von Edmonton. Hier lud man die Transportkisten in eine Frachtmaschine um, die weiter nach Frankfurt flog. Mit dem Transportunternehmen Van Den Brink aus Soest ging es dann per Camion nach Bern, wo die Tiere am 9. Februar 1976 wohlbehalten eintrafen.

Nicht nur die Moschusochsen, sondern auch die Menschen reisten immer häufiger mit dem Flugzeug. 1975 zählten die Schweizer Flughäfen beinahe elf Millionen Passagiere. Die Hälfte davon war mit der nationalen Fluggesellschaft Swissair unterwegs. Die alte Regel, wonach man im Sommer ans Meer, im Winter in die Berge reiste, wurde erweitert: Nebst den Destinationen in den USA und in Afrika kamen nach und nach Flüge nach Asien und Südamerika hinzu.[210]

Der «wichtigste Tierzuzug, den das Dählhölzli jemals zu verzeichnen hatte», wie Sägesser im vierteljährlichen Rechenschaftsbericht an den Gemeinderat nicht müde wurde zu betonen, blieb vorerst hinter den Kulissen.[211] Abgeschirmt vom ahnungslosen Publikum lebten die beiden Tiere provisorisch in einem Gehege, das neben jenem der Wisente lag, während auf einem gerodeten Waldstück rückseitig des Vivariums unter Hochdruck eine neue Anlage mit Stall und Aussenbereich gebaut wurde.[212] Konzipiert hatte sie der

Berner Architekt Rudolf Zürcher. Das Gehege umgab er mit einem Graben und einer Mauer, sodass das Publikum freien Blick auf die Tiere hatte. Diese Bauweise war erstmals 1907 im Tierpark von Carl Hagenbeck junior in Stellingen bei Hamburg zur Anwendung gekommen, in einer Zeit, als Käfige mit dicken Gitterstäben üblich waren. Mit seinem neuen Konzept leitete Hagenbeck eine visuelle Revolution ein, auch weil er mithilfe von künstlichen Felsen die davor drapierten Tiere dramatisch in Szene setzte. Ob der freie Blick über Graben und Mauern hinweg bei den Betrachtenden die Illusion erzeugte, sie befänden sich in freier Wildnis, wie das Kritiker von Hagenbecks Konzept monieren, bleibt fraglich.[213] Beim Ablichten der Tiere mag das so erscheinen, weil Tierfotografien ohne Gitterstäbe gelingen. In Stellingen wie anderswo wusste das Publikum jedoch sehr wohl, dass es soeben Eintritt bezahlt hatte, um Zootiere in gesicherten Anlagen aus der Nähe zu betrachten. Allerdings waren die Gräben für die Tiere selbst nicht ungefährlich. Immer mal wieder stürzten sie hinein oder ertranken darin, sofern die Gräben mit Wasser gefüllt waren. Unter dem Aspekt des Tierwohls brachten die neuen Gehege keinen Fortschritt. Weder waren die Szenerien auf das Sozialverhalten noch auf die Lebensweise der Tiere ausgerichtet. Sie funktionierten einzig als Kulisse und dienten ausschliesslich der Zurschaustellung der Tiere.

JAZZMATINEE UND APÉRO

Eines Morgens schreckte ein sonderbarer Lärm die Moschusochsen auf.[214] Sonntage waren hektische Tage, da viel Publikum im Tierpark unterwegs war, doch dieser Geräuschpegel unterschied sich deutlich vom gewöhnlichen Rummel. Für die akustische Irritation war die «Wolverines Jazz Band of Bern» verantwortlich, die ihrem Namensgeber, dem Vielfrass, ein Ständchen darbot. Der Jazzmatinee im Tierpark war ein Briefwechsel vorausgegangen, in dem Sägesser, selbst ein Liebhaber des Jazz, dem Bandleader Hans Zurbrügg erklärte, dass ihr Logo den Vielfrass falsch abbilde. Das Tier besitze keinen Stummelschwanz, sondern eine buschige Rute. Um Busse zu tun, spielte die Band auf. Mit dem Engagement der «Wolverines» schuf Sägesser mehr als bloss eine neue Tradition. Er erweiterte das Tiererlebnis um Kultur- und Kunstanlässe. Das brachte dem Tierpark zusätzliche Aufmerksamkeit. In einem sich konkurrierenden Freizeitmarkt lieferte Sägesser ein Argument mehr für einen Besuch des Dählhölzli. Gleichzeitig etablierte er den Tierpark als Veranstaltungsort in der städtischen Kulturlandschaft.

Bis zum Wintereinbruch schritten die Bauarbeiten an der Moschusochsenanlage zügig voran. Für die Gestaltung des Aussengeheges wurden Findlinge von der Autobahnbaustelle Könizerwald herantransportiert.[215] Die tonnenschweren Felsbrocken schlugen von Neuem

Im Frühsommer 1977 betrat Moschusochse Toni in Anwesenheit der Tierpfleger sein neues Gehege mit Graben und Mäuerchen. Im Hintergrund sind die Findlinge aus dem Könizerwald zu sehen.

eine Brücke zur Urgeschichte der Schweiz. Es waren die Gletscher der Eiszeit gewesen, welche die Steine vom Alpenraum ins Mittelland getragen hatten. Nach dem Rückzug des Eises blieben sie als Zeugen dieses Vorstosses liegen. Theoretisch hätte in urgeschichtlicher Zeit ein Moschusochse an diesen Steinen sein Fell reiben können.

Pünktlich zum 40-Jahr-Jubiläum des Tierparks weihte Baudirektorin Ruth Geiser am 14. Juni 1977 vor der städtischen Politprominenz die Moschusochsenanlage ein. Unter den Gästen tummelten sich trotz Fraktionssitzungen 27 Stadträte, wie der Redaktor des *Bunds* süffisant anmerkte. Seinem tags darauf publizierten Artikel fügte er eine Abbildung der beiden Moschusochsen bei. Auf der Fotografie waren der kräftige Bulle Toni und ein Weibchen aus dem Zoo Basel zu sehen.[216] Sie hätten sich, so der Berichterstatter, schon gut an das neue Gehege gewöhnt. In einem Nebensatz erwähnte er, dass die erste Gefährtin des Stiers an einer Lungenentzündung eingegangen sei, mass diesem Sachverhalt jedoch keine weitere Bedeutung zu. Was war mit der kostbaren kanadischen Kuh geschehen?

VON PARASITEN UND BAKTERIEN

Der für die Neuankömmlinge zuständige Tierpfleger Walter Mast hatte schon am ersten Tag deren Kot eingesammelt.[217] Angeordnet hatte die Abklärung Tierarzt Peter Sterchi, als ob er ahnte, was noch auf ihn zukommen würde. An den eichelförmigen Bohnen lässt sich übrigens ablesen, dass die Moschusochsen trotz ihres Namens nicht zu den Rindern – die schciden Fladen aus –, sondern zur Verwandtschaft der Schafe und Ziegen gehören. Die Kotproben wurden ins Institut für Tierpathologie der Universität Bern, Abteilung Parasitologie, geschickt.

Toni litt leicht bis mittelschwer an *Trichuris ovis,* an einem Peitschenwurm, der gerne Schafe und Ziegen befiel.[218] Bei starkem Befall kommt es beim Wirt zu Durchfall und Blutungen bis hin zu Blinddarm- und Dickdarmentzündungen. Glücklicherweise war der Wiederkäuer ansonsten frei von den üblichen Parasiten. Besorgniserregender war der Zustand von Peggy. Beim Weibchen wurde leichter bis mittlerer Befall von *Trichostrongylus* (Rundwurm), *Nematodirus* (Fadenwurm im Dünndarm), *Marshallagia* (auch als Kokzidien bekannter Rundwurm) und *Moniezia benedeni* (Bandwurm) sowie ebenfalls leichter Befall von *Trichuris ovis* und *Capillaria bovis* (Haarwurm) diagnostiziert. Sämtliche Parasiten griffen den Verdauungsapparat an, was Darmentzündungen und Durchfall nach sich ziehen konnte. An sich sind Moschusochsen nicht anfälliger auf Parasiten als andere Tiere.[219] Peggys schlechter Befund spiegelte die Tatsache, dass sie in einem ihr fremden Lebensraum zu Hause war: Die bei ihr gefundenen Parasiten kamen in Kanada nicht oder selten vor, weshalb sie und Toni dagegen kaum natürliche Abwehrkräfte entwickelt hatten. Da im nahe gelegenen Kinderzoo zudem Schafe und Ziegen lebten, war die Übertragung der Parasiten vorprogrammiert. Während heimische Tierarten meist mit milden Symptomen reagieren, können die Erreger bei exotischen Arten je nach Gesundheitszustand des Wirts schwerwiegende Krankheiten auslösen.

Als Sofortmassnahme ordnete Tierarzt Sterchi für vier Tage die Einnahme des Medikaments Telmin (5 mg/kg) an, ein Breitbandmedikament gegen allerlei Parasitenarten. Mittels Kotproben kontrollierte er die Wirksamkeit der Therapie. Die Resultate fielen zufriedenstellend aus, obwohl der Erreger *Trichostrongylus* nie aus Peggys Verdauungstrakt verschwand, sodass sie immer mal wieder Durchfall hatte. Im August ergab eine Probe, dass die Kuh zwar keine Salmonellen aufwies, dafür erstmals Parasiten der Gattung *Eimeria*. Vier Beutel Concurat gegen Lungenwürmer und täglich zwei Beutel Panacur gegen Darmparasiten versprachen Abhilfe. Sterchi dosierte hoch, weil die Medikamente dem Futter beigemischt wurden, sodass er nicht sicher sein konnte, ob die Tiere alles aufnahmen. Tatsächlich verbesserte sich der Zustand der Moschusochsen, obwohl die Kotanalysen zeigten, dass die Parasiten nie ganz verschwanden.

Mitte Oktober schwächelte die Kuh dermassen, dass Sterchi das Tier für eine Untersuchung betäubte. Die Blutanalyse förderte eine starke Anämie zutage. Auf die Verminderung der roten Blutkörperchen reagierte der Tierarzt mit Antibiotika: 6 Milliliter Longicillin täglich. Doch Peggy sprach auf die Behandlung nicht an. Sie magerte weiter ab, worauf ihr Sterchi Mitte November via Infusion einen Medikamentencocktail verpasste. An ihrem kritischen Zustand änderte sich nichts. In der Not zog Sterchi Kollegen bei, unter ihnen der Zootierarzt aus Basel, denn der Basler Zolli hielt ebenfalls Moschusochsen und hatte mit der Behandlung der Tierart Erfahrung. Eine nächste Infusion von Medikamenten blieb wirkungslos. An Heiligabend starb das wertvolle Tier. Die Sektion ergab, dass das Moschusochsenweibchen an einer gravierenden Lungenentzündung gelitten hatte. Eine Lungenseite war völlig zerstört. Seit Wochen war Peggy bereits halbtot gewesen.

Das Flaggschiff-Projekt des Tierparks drohte zu kentern. Nicht nur bedeutete der Abgang der Kuh einen herben finanziellen Verlust, sondern er stellte auch die Jubiläumspläne infrage. Mitte Jahr wollte Sägesser den vierzigsten Geburtstag des Dählhölzli mit der Einweihung der neuen Moschusochsenanlage begehen. Ein einsamer Stier machte da, auch wenn er gesund war, eine schlechte Figur. Woher bloss sollte Sägesser in nützlicher Frist eine Kuh herbekommen? Eine glückliche Fügung sorgte dafür, dass in Basel just zur selben Zeit der alte Bulle starb, sodass der Bestand im Zolli auf zwei Kühe schrumpfte. Bern besass einen einsamen Stier, Basel zwei einsame Weibchen. Also schlossen sich die beiden Institutionen zu einer Zuchtgemeinschaft zusammen. Für ein halbes Jahr wurde die Kuh Jenny in Bern eingestellt.

Auf den allerletzten Drücker, am 14. Juni 1977 um acht Uhr, führte der Tierpark die beiden Tiere erstmals zusammen: «Moschusstier zur Kuh gelassen, beschnüffeln, flehmen. Problemlos.»[220] Ein paar Stunden später begann die 40-Jahr-Feier. Im Gehege bestaunte die Stadtberner Prominenz das kostbare Zuchtpaar: einen mächtigen Stier und eine schmächtige Kuh. Sie standen publikumswirksam beieinander, als ob sie in ihrem Leben nie etwas anderes getan hätten.

EIN BERNER GRING WIRD GEBOREN

Nach dem turbulenten Start zog bei den Moschusochsen ohne Eile die Langeweile ein. Paarungen blieben aus, und die Parasiten plagten die Moschusochsen mal mehr, mal weniger. Ende August 1978 übernahm Bern die Kuh Jenny als Dauerleihe. Dafür überwies der Tierpark 3500 Franken nach Basel. Für den Betrag kam einmal mehr die Seelhofer-Stiftung auf.[221] Der im Vergleich zu Peggy günstige Preis fällt auf. Der Grund dafür lag in Jennys Alter. Mit ihren neun Jahren galt sie als ältere Kuh, obwohl wilde Moschusochsen eine Lebenserwartung von zwölf bis zwanzig Jahren haben. Dass sie kalbern würde, wagte weder Basel noch Bern zu hoffen. So zogen die Monate ereignislos ins Land. Es war die sprichwörtliche Ruhe vor dem Sturm.

In freier Wildbahn werden Moschusochsen mit rund sechs Jahren geschlechtsreif, bei guten Bedingungen setzt die Geschlechtsreife früher ein. Die Brunft beginnt im August und dauert bis Ende September. Während dieser Zeit kommt es unter den Stieren zu Rangkämpfen. Gegen einen Konkurrenten musste der im Frühsommer

1979 fünf Jahre alt gewordene Toni nicht antreten, dennoch schob der brunftige Bulle den am Boden liegenden Baumstamm mit Kopfstössen durchs Gehege, bis dieser halb im Graben lag. Da der Stamm in seiner neuen Position zu einem Gehsteig für die Moschusochsen hin zum Mäuerchen wurde, von wo sie mit einem Sprung hätten entweichen können, musste ihn die Feuerwehr mithilfe eines Krans wieder dort hinsetzen, wo er hingehörte.[222] Aus Sicherheitsgründen erhöhte der Tierpark das die Anlage einfassende Mäuerchen.

Porträt von Toni, Winter 1978. Noch hat der Moschusochse seine Geschlechtsreife nicht erreicht.

Kurze Zeit später liess Tierpfleger Mast, als er im Stall hantierte, aus Versehen das Tor zum Aussengehege einen Spalt breit offen. Sogleich registrierte Toni den Konkurrenten. In vollem Galopp knallte er mit einem Kopfstoss das Tor zu. Durch die Wucht des Zuschlagens wurde Mast auf den Boden geschleudert. Neben einem gehörigen Schrecken, einer gigantischen Beule und einer Hirnerschütterung kostete ihn der Zwischenfall auch einen Zahn.[223] Toni war erwachsen geworden.

Ab 1979 demolierte Toni Brunft für Brunft, Jahr für Jahr sein Gehege. Besonders auf das Eisentor hatte er es abgesehen. Deren Rohre drückte er regelmässig flach, obwohl diese mit jeder Reparatur verstärkt wurden. Auf Dauer hielt nichts seinen Kopfstössen stand, auch nicht der von den Städtischen Verkehrsbetrieben 1980 entwickelte Prellbock. Die als Puffer auf eine Tramfederung montier-

Das Abtrenntor zwischen Stall und Aussengehege nach einem Kopfstoss des Moschusochsen im Spätsommer 1979. Die Fotografie von 1983 (rechts) zeigt die fünfte Version des von den Städtischen Verkehrsbetrieben entwickelten Prellbocks. Die Eisenbahnschwelle ist auf eine Tramfederung montiert, und das Ganze in der Wand verankert.

te Eisenbahnschwelle brach in kürzester Zeit. Erst die fünfte, immer wieder verbesserte Ausführung gab nicht gleich nach wenigen Schlägen nach.[224]

Schlimm erging es einem Jungfernkranich.[225] Trotz gestutzten Federn war dem eleganten Vogel die Flucht vom Aareufer in den

Wald hinauf gelungen. Dummerweise landete er am falschen Ort. Beim zu Tode getrampelten Kranich handelte es sich ironischerweise um einen Gefährten jenes Tieres, das Monate später schweizweit für mediales Aufsehen sorgen sollte, als es von zwei jungen Männern geschlachtet und vor der Reithalle gebraten wurde. Derweil ging Tonis Metzgete still und leise vor sich.

EIN STAMMVATER OHNE NACHWUCHS

Da Jenny, die 1969 geborene Moschuskuh aus Basel, als «nicht mehr züchtendes Schautier» galt,[226] geriet der Tierpark in helle Aufregung, als sie im Dezember 1979 völlig unerwartet verworfen zu haben schien, es also zu einem Abort gekommen war. Allerdings konnte der Nachweis dafür nicht sicher erbracht werden.[227] Für eine genaue Abklärung hätte man das Tier narkotisieren müssen. Nach dem Zwischenfall standen die Moschusochsen unter erhöhter Beobachtung. Am 14. Februar 1980 notierte Sägesser, dass sich die Tiere gepaart hatten. Hinweise dieser Art machte er nur bei Tieren, deren Nachzucht für den Tierpark ein Erfolg gewesen wäre. Die Paarung blieb folgenlos, sodass Sägesser eine junge, zuchtfähige Kuh zu suchen begann. Nach etlichen Briefen und endlosen Telefonaten rund um den Globus wurde er schliesslich fündig: Für 17 000 Franken, die erneut die Seelhofer-Stiftung beisteuerte, beschaffte er in Calgary das weibliche Kalb Nova.[228]

Bevor das Kalb in Bern eintraf, sorgte Toni wieder einmal für mächtig Trubel, nicht wegen seiner Brunft, sondern wegen einer Bindehautentzündung.[229] Offensichtlich blind geworden, fiel der Bulle nämlich in den Graben. Wie appliziert man einem Moschusochsen Augentropfen? Das Tier konnte nicht für jede Anwendung des Antibiotikums betäubt werden. Tierarzt Sterchi wusste sich zu helfen. Mithilfe einer Wasserspritze trug er aus sicherer Entfernung das Medikament auf die Augen auf. Es funktionierte. Die Entzündung heilte ab, und Toni fand sein Augenlicht zurück. Allerdings beachtete der Stier die eingetroffene Nova kaum, sehr zur Enttäuschung seines Direktors.

AUF EWIG IM DEAD END

Am 9. Januar 1982 lahmte die alte Kuh Jenny.[230] Trotz tierärztlicher Betreuung war sie am nächsten Tag tot. Noch bevor der Sektionsbericht vorlag, der klären sollte, woran das Tier gestorben war, begann auch der Stier am 16. Januar zu lahmen. Bereits am nächsten Tag stand er nicht mehr auf. Während Toni künstlich ernährt wurde, kümmerte sich ein ganzes Team von Tierärzten um ihn. Auch Marc Vandevelde, Leiter des Instituts für vergleichende Neurologie, wurde herbeigerufen. Seine Untersuchungen bestätigten den Verdacht, dass Toni an einer Rückenmarkentzündung litt. Daraufhin wurde das Tier nach sechs Tagen der Agonie euthanasiert. So wenigstens lautete die offizielle Sprachregelung im Vierteljahresbericht zuhanden des Gemeinderats. In seiner Agenda hielt Sägesser am 22. Januar fest: «1,0 Moschusstier abgeschossen».[231]

Die tierpathologischen Abklärungen ergaben, dass zwischen den Todesursachen der zwei Tiere kein ursächlicher Zusammenhang auszumachen war, was Sägesser erstaunte, da die äusseren Krankheitsbilder sich glichen.[232] Laut Sektionsbericht starb Toni an einer «subakuten hochgradigen Poliomyelitis (Virustyp)». An einer Rückenmarkentzündung, wobei die sogenannte graue Gewebesubstanz, hauptsächlich Nervenzellen, betroffen war. Um welchen Virustyp es sich dabei handelte, der das Zentralnervensystem angegriffen hatte, liess sich nicht bestimmen. Jenny fiel einer «Polioencephalomalazie» zum Opfer.[233] Bei ihr erkrankte die graue Substanz des Hirns. Was die Entzündung auslöste, blieb unklar. Immerhin konnte bei beiden Moschusochsen die damals verbreitete Tollwut als Todesursache ausgeschlossen werden. Da sich der Virustyp nicht ermitteln lies, archivierte Vandevelde von Tonis Hirn Gewebeproben.

Von der hinteren Länggasse gelangte Tonis Kadaver nach der Sektion ins Kirchenfeld zum Naturhistorischen Museum. Den sterblichen Überresten entnahm der Präparator die Knochen samt den wegen der Hirnentnahme in vier Teile zersägten Schädel. Bis zum fertigen Skelettpräparat durchliefen die Knochen einen konservatorischen Parcours: Nach Bädern in diversen Lösungen zur Entfernung der letzten Fleischreste wurde ihnen anschliessend das Fett entzogen. Bliebe das Fett in den Knochen, würde es mit der Dauer das Kalzium zersetzen, sodass die Knochen porös würden und zerfielen. Danach wurden die entfetteten Knochen mit Lösungsmittel

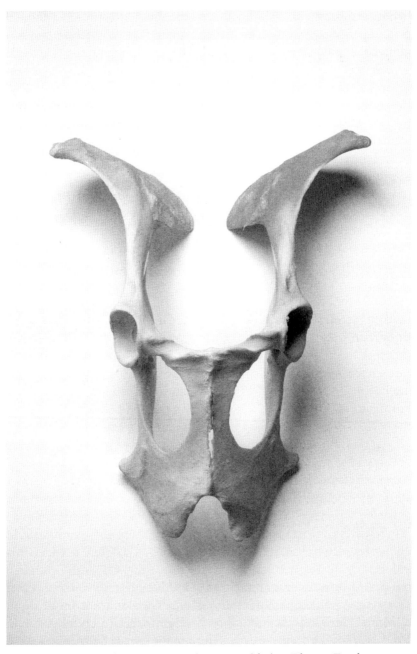

Das schmale Becken verrät das männliche Tier. Tonis Skelett gelang im September 1982 in die Sammlung des Naturhistorischen Museums.

behandelt, bis sie eine helle, fast weisse Farbe aufwiesen. Manche Teile des Skeletts wurden beschriftet, damit klar war, wie es zusammengebaut gehörte. Wie jede naturhistorische Sammlung ist auch diejenige von Bern nach der zoologischen Systematik geordnet, sodass die Präparate im Untergeschoss leicht auffindbar sind. Stefan Hertwig, Kurator und Leiter der Abteilung Herpetologie (Amphibien und Reptili-

Das Skelett des einst rund 300 Kilogramm schweren Bullen Toni füllt zwei Schubladen. Die Knochen sind in Plastiksäckchen abgepackt, damit die kleinen Einzelteile nicht verloren gehen.

en) des Museums, führte mich zur Abteilung der Säugetiere. Dann schritten wir einen Gang entlang, in dem sich Schrank an Schrank reiht. Auf der Höhe der *Artiodactyla* (Paarzeher) drehte Hertwig an einer Kurbel. Langsam wurden die Schränke zur Seite geschoben. Schubladen wurden sichtbar, dazwischen offene Tablare, wenn es der Umfang der Objekte erforderte. Beim Abteil *Bovidae* (Hornträger) stiessen wir auf die Objekte der Art *Ovibus moschatus*. Toni ist nicht der einzige Moschusochse, der es nach seinem Ableben ins Museum schaffte. Aber seines ist das einzige Skelett, das namentlich beschriftet ist. Er, der stadtbekannte Rowdy, dem *Der Bund* einen Nachruf mit dem Titel «Ein Showman ist nicht mehr» widmete,[234] bleibt auf ewig individualisiert. Oder wenigstens, solange seine Knochen halten. Toni wäre nicht Toni, würde er nicht über seinen Tod hinaus für Aufsehen sorgen. Als Stefan Hertwig das Skelett aus der Schublade holte, stellte sich nämlich heraus, dass der in vier Teile zersägte Schädel fehlte. Ausgerechnet Tonis Schädel. Ein Blick in die Datenbank brachte Klarheit. Die vier Schädelteile lagern im Aussendepot, intern «Dead End» genannt. Was hierhin kommt, bleibt für immer dort. Der Legendenbildung um Toni tut dies keinen Abbruch.

ASTROVIRUS MOXASTV-CH18

37 Jahre nach seinem Hinschied lösten Céline Boujon und Torsten Seuberlich von der Abteilung für neurologische Wissenschaften am Tierspital Bern das Rätsel um Tonis Todesursache.[235] Den entscheidenden Tipp bekamen sie von Marc Vandevelde, als dieser an einer Konferenz vor einer Stellwand stand, auf der Seuberlichs Team, das die DNA beziehungsweise bei Viren die RNA mit molekulargenetischen Untersuchungen entschlüsselt, seine Ergebnisse über Astroviren bei Rindern präsentierte. Befunde und Krankheitsbilder hätten ihn an den Moschusochsen erinnert, erklärte mir Vandevelde im Gespräch. Das habe er Seuberlich beim Fachsimpeln mitgeteilt und dabei die Gewebeproben im Archiv erwähnt.[236]

Vandevelde erinnerte sich gut an Sterchis Anruf, er solle in den Tierpark kommen, sie hätten einen Moschusochsen, der Symptome einer neurologischen Erkrankung zeige. Als er zusammen mit seinem Assistenten Andreas Zurbriggen, Tierarzt Sterchi, Direktor Sägesser und Pfleger Mast den niederen Stall betrat, habe Toni gebrummt. Es habe stark nach den Moschusochsen gerochen. Später im Institut hätten sie, so Vandevelde lachend, immer noch nach den Tieren gestunken. Im Stall habe eine bedrückte Stimmung geherrscht. Pfleger und Direktor seien niedergeschlagen gewesen. Toni sei am Boden gelegen, habe höchstens leicht den Kopf bewegt, sodass sie ihn problemlos hätten untersuchen können. Unter normalen Bedingungen wäre so etwas nie möglich gewesen, der Moschusochse hätte sie über den Haufen gerannt. Toni habe kaum Reflexe gezeigt, immerhin eine leichte Sensibilität, wenn man ihm übers Fell gestrichen sei. Sein Bewusstsein sei reduziert gewesen, aber nicht komatös. Da er abgemagert gewesen sei, hätten sie aus dem Bereich der Wirbelsäule, die deutlich hervorgestochen sei, Flüssigkeit entnommen für die Laboruntersuchung. Die Befunde seien eindeutig gewesen. Am Tag darauf

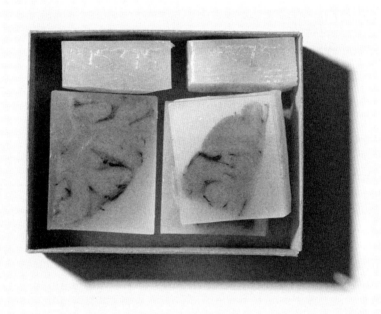

Eingebettet in Paraffin lagern Tonis Hirnproben in einem Kartonschächtelchen, in dem ursprünglich Glasträger für Mikroskope aufbewahrt wurden. Bei den beiden stehenden Quadern ist die ins Paraffin eingeritzte Zahl 15375 erkennbar: die Archivnummer der Gewebeprobe.

habe Sägesser den Moschusochsen erschiessen lassen, schüttelte Vandevelde den Kopf. Er an seiner Stelle hätte das Tier eingeschläfert, aber so sei das eben damals gewesen.
　　Aus Neugier gingen Boujon und Seuberlich dem Hinweis ihres Kollegen nach und untersuchten Tonis Hirngewebe. Zu ihrer eige-

nen Überraschung stiessen sie auf das Genom eines Astrovirus, das erstmals bei Moschusochsen nachgewiesen werden konnte. So kam Toni fast vierzig Jahre nach seinem Tod zu einer nach ihm benannten Virusvariante: Astrovirus MOxAstV-CH18. Unfreiwillig erbrachte er den Beleg dafür, dass Astroviren, die unter dem Mikroskop sternförmig aussehen und diesem Aussehen ihren Namen verdanken, auch Schafartige befallen können.

DIE NAMENLOSE DORNSCHWANZAGAME (1995-2007) UND DIE ZERSIEDELUNG

Das Weibchen mag es heiss, sehr heiss. Am Morgen, wenn sie sich nach einer kühlen Nacht auf Betriebstemperatur bringt, ist die Haut dunkel gefärbt und der abgerundete Körper platt, damit sie das Sonnenlicht besser absorbieren kann. Als Wüstenbewohnerin bevorzugt die um die dreissig Zentimeter lange Echse sonnige, bis zu 50 Grad C heisse Plätze. In der grössten Hitze nimmt ihre Haut einen helleren Farbton an, der das Licht besser reflektiert und vor zu intensiver Strahlung schützt. Erreicht ihre Körpertemperatur, die sie als wechselwarmes Tier nicht regulieren kann, ein bestimmtes Mass, zieht sie sich in eine Felsspalte zurück. Als solitär und territorial lebendes Wüstentier aus Mali bevorzugt das Weibchen stabile räumliche Verhältnisse.

An das Leben in wüstenartigen Gegenden mit rarem Pflanzenbewuchs hat sich die Dornschwanzagame, lateinisch Uromastyx maliensis, perfekt angepasst. In ihrem breiten Schwanz, der mit Stachelschuppen besetzt ist und der Gattung den Namen gibt, speichert sie Fett. Beim Verbrennen des Fetts gewinnt sie Wasser für ihren Körper. Ebenso haushälterisch verfährt sie mit ihren Ausscheidungen. Ihr Kot ist beintrocken. Da sie als Pflanzenfresserin Salze aufnimmt, scheidet sie diese über Drüsen an der Nasenöffnung aus. Dort sind immer wieder weisse Kügelchen zu sehen.

Im Gegensatz zu ihren verstorbenen Artgenossen scheint sie sich in der neu errichteten Afrika-Savanne mittlerweile gut eingewöhnt

DIE NAMENLOSE DORNSCHWANZAGAME

zu haben. Dafür wurden die alten Volieren zusammengelegt. Das ergab mehr Raum für eine neuartige thematische Tiergemeinschaft. Auch ausserhalb des Tierparks wird die Frage, wie Lebensräume angesichts knapper Platzressourcen genutzt und gestaltet werden sollten, intensiv diskutiert. Der Architekt und Publizist Benedikt Loderer etwa kann der aktuellen Siedlungsentwicklung in der Schweiz wenig abgewinnen. Schaut er auf der Zugfahrt von Bern nach Zürich aus dem Fenster, ziehen Infrastrukturen aller Art und ohne Ende an ihm vorbei. Seiner Meinung nach ist die Raumplanung mit dem in den 1980er-Jahren eingeführten Konzept der konzentrierten Dezentralisation krachend gescheitert. Anstatt, wie vorgesehen, das Wachstum der Siedlungen zu begrenzen und auf das Land gleichmässig zu verteilen, dominiert im Pendlerland Schweiz die Zersiedelung: nichts als Häuserbrei, Landfrass, Hüslipest.[237]

EIN NEUANFANG NACH ZWEI TRENNUNGEN

1996 war ein aufwühlendes Jahr. Knall auf Fall wurde der Tierparkdirektor Max Müller vom Berner Gemeinderat entlassen.[238] Die zuständige Baudirektorin Theres Giger traute es ihm nicht mehr zu, die im Vorjahr eingeleitete Reorganisation des Dählhölzli zu einem guten Ende zu bringen. Fachlich liess sich Müller nie etwas zu Schulden kommen, doch das Vertrauensverhältnis zwischen ihm und seinem Team war und blieb zerrüttet. So unerwartet wie die Ära Müller endete, hatte sie auch begonnen, als nach dem plötzlichen Tod von Hannes Sägesser 1991 der Stellvertreter und Leiter der Abteilung für Zootierpathologie am Tierspital nachgerückt war. Angesichts der tragischen Umstände und im Wissen um die kommenden Aufgaben bevorzugte die mit der Kandidatensuche beauftragte Tierparkkommission eine schnelle, interne Lösung.

Bis zur Neubesetzung der Direktorenstelle leitete die Tierärztin Ruth Baumgartner den Tierpark interimistisch. Mit ihr kehrte Ruhe ein. Ein dummer Zufall wollte es aber, dass in der Stadt Bern im Herbst 1996 Gemeinderatswahlen anstanden. Als die *SonntagsZeitung* kritische Artikel zur Rolle der Baudirektorin Giger bei der Reorganisation des Tierparks und bei Müllers Entlassung lancierte, rückte der «Tierparkskandal» wieder auf die Titelseiten.[239] Die ehemals belasteten Verhältnisse im Dählhölzli schürten von Neuem grosse Emotionen. Die Angriffe gegen seine Kollegin empfand der sozialdemokratische Stadtpräsident Klaus Baumgartner als «Schlammschlacht».[240] Nicht zum ersten Mal in der Geschichte des Tierparks warf ein Streit zwischen der Baudirektion und der Tierparkleitung hohe politische Wellen. Er half wohl entscheidend mit, dass die freisinnige Gemeinderätin Giger von der Stadtberner Stimmbevölkerung abgewählt, oder je nach Lesart, abgestraft wurde.[241] Es waren die eigenen, bürgerlichen Stimmen, die ihr am Schluss fehlten.

Die Wahl des neuen Tierparkdirektors fiel auf Bernd Schildger, einen erfahrenen Tierarzt, der im Frankfurter Zoo zuletzt als stellvertretender Direktor gewirkt hatte. Er trat das Amt in Bern am 1. April 1997 an. Was von ihm erwartet werden durfte, demonstrierte er gleich an seiner ersten Medienveranstaltung.[242] Während Schildger die Journalistinnen und Journalisten durch das Dählhölzli führte, vorbei an zahlreichen Jungtieren, entwickelte er seine Vision für den Tierpark. In artgerechten Anlagen wollte er europäische Tierarten nachzüchten, in der Absicht, sie einst in der Schweiz und in Europa auszusiedeln. Den Bartgeier sah er hoch über den Alpen seine Kreise ziehen, die Wisente durch russische Urwälder streifen. Bilderstark und wortreich vereinnahmte er die Presse für seine Ziele. Mit der skizzierten Strategie korrigierte er die Ausrichtung seines Vorgängers. Unter Müller hatte der Tierpark exotische Säugetiere wie Schneeziegen, Wallabys (Kängurus) und Capybaras (Nagetiere aus Südamerika) angeschafft. Schildger hingegen orientierte sich am Konzept des Tierparks, stellte es aber insofern auf den Kopf, als er ihm mit den Wiederansiedlungen eine europäische Ausrichtung gab. Dreh- und Angelpunkt für die Realisierung seiner Pläne bildeten grosszügigere, gut strukturierte Anlagen. Der neue Direktor war willens, Tierarten zugunsten besserer Haltungsbedingungen aufzugeben. Ganz nach dem Motto: mehr Platz für weniger Tiere. Was der Anspruch in der Praxis konkret bedeutete, führte Schildger um die Jahrtausendwende im Vivarium vor.

BAUTECHNISCHE ÜBERLEGUNGEN ZU EINER AFRIKA-SAVANNE

Wer sich im Dählhölzli für Tiergehege interessiert, kommt unweigerlich mit Jürg Hadorn ins Gespräch. Er leitet im Tierpark die Sektion «Projekte». Im Juli 2023 stand er vor der Afrika-Savanne und erzählte mir, wie es zu dieser Anlage gekommen war.[243] Früher habe es hier vier schmale Volieren gegeben. Der für die Tiere zur Verfügung stehende Raum sei noch kleiner gewesen, weil der Rückwand entlang ein Gang verlief, von dem aus die Gehege von hinten betreten wurden. Unter solch engen Raumbedingungen sei eine vogelgerechte Haltung nicht möglich gewesen. Deshalb hätten sie schon unter Müller mit allerlei Vögeln und Reptilien experimentiert, ohne eine überzeugende Lösung zu finden. 2000 habe sich Schildger schliesslich für den Umbau entschieden. In nur drei Monaten verwandelte Hadorn die Volieren in eine afrikanische Trockensavanne. Um mehr Platz zu bekommen, hätten sie die Zwischenmauern abgerissen und den Gang samt Türen aufgehoben. Dadurch habe er den Gebäudeteil in seine ursprüngliche Gestalt zurückversetzt, was er stets bevorzuge. Alles selbst gebaut, Low Budget, wie er betonte, als ich nach den Kosten fragte.

Wenn er eine Anlage bauen müsse, habe er zuerst ein Bild vor Augen, erklärte mir Hadorn seine Herangehensweise. Bei der Savanne seien es Gesteinsformationen gewesen, wie sie im südlichen Afrika vorkämen. Mit ihren abgerundeten Kanten wirkten diese, als ob sie aufeinandergeschichtet wären. Um diese Formationen habe er den ariden Lebensraum, das trockene Habitat mit wüstenähnlichen Zügen, dann eingerichtet. Ausgerechnet Temmincks, eine kleine Vogelart,

Laut Jürg Hadorn braucht es organische Formen und klare Linien, um eine «Schuhschachtel» in einen Lebensraum zu verwandeln. Tiefe imaginiert er mithilfe eines gegen den Publikumsraum hin frei zugänglichen Vegetationsbandes und blauer Farbe an der Rückwand. Aufnahme von 2013.

seien als erste Tiere eingezogen, schüttelte Hadorn den Kopf. Rennvögel würden in Zoos selten gezeigt, weil sich dafür kein Mensch interessiere, doch irgendwie sei der Tierpark günstig zu ein paar Exemplaren gekommen.

Neue Projekte beginne er immer mit einem massstabsgetreuen Modell. Zur Veranschaulichung. Das könne er auch Dritten zeigen und es helfe bei der Mittelbeschaffung. Als ich mich nach dem Verbleib des Savannenmodells erkundigte, wurde ich enttäuscht. Das alte Zeug schmeisse er fort. Sie besässen kaum noch ein Modell. Beim Bauen gingen sie pragmatisch vor. Manchmal entscheide er auf der Baustelle. Dafür brauche es ein Gefühl für Materialien und den Mut, Entscheide zu treffen. Diesen Pragmatismus schätze er am Tierpark. Nun war Hadorn in seinem Element: Eine Anlage, erklärte er mir, müsse Gewicht haben. Volumen. Klare Linien, die im Fall der Afrika-Savanne von rechts oben nach links unten führten. Die Tiere benötigten weiche und organische Formen, Oberflächen und Inneneinrichtungen, die sie in Beschlag nehmen können. Wie die beschichteten Kunstfelsen aus Styropor, die sich bei Bedarf wegtragen lassen. Da ein rechteckiger Raum wie die «Schuhschachtel» nur den Boden und die Wände zum Bespielen anbiete, sei für den Betrachter Tiefe entscheidend. Das stelle immer eine Herausforderung dar. Zu diesem Zweck habe er im Fall der Savanne die Rückwand mit hellblauer Farbe angestrichen. Der Farbton habe sich bewährt. Den habe er später auch für andere Gehege verwendet. Mit Wandmalereien, wie sie in den alten Dioramen des Naturhistorischen Museums zu sehen seien, habe er es nie versucht. Erstens könne er nicht malen, zweitens seien sie ihm zu theatralisch.

Nichts bereitet Hadorn mehr Kopfzerbrechen als ein rechter Winkel. Der habe, ärgert er sich, mit organischen Formen rein gar nichts zu tun und sei von der Natur, die man zu imitieren versuche, maximal weit entfernt. Über rechte Winkel, senkrechte Wände und flache Böden in Zoos hatte sich schon Heini Hediger enerviert.[244] Wortreich polemisierte dieser gegen die in der Natur vollkommen fremde Form des Kubus, gegen «unbiologische» gerade Linien, die dauernd zur Anwendung kämen, nur weil sie vertraut, einfach und billig seien. Unter dem Schlachtruf «Los vom Kubus» verwirklichte er 1965 mit dem Afrika-Haus im Zoo Zürich seine Vision eines Baus ohne rechte Winkel.[245] In dem für Nashörner und Flusspferde errichteten Haus lebten die grossen Säuger in Symbiose mit Kuhreihern und Madenhackern, die sich auf ihre Rücken setzten und die Haut nach Insekten absuchten. Obschon die Anlage architektonisch und tiergartenbiologisch neue Dimensionen erschloss, blieb der für die Tiere erstellte Lebensraum viel zu klein.

Bezüglich der Zusammensetzung der Tiergemeinschaft, erklärte Hadorn auf mein Nachhaken hin, hätten sie keine Strategie ge-

Blick in die Afrika-Savanne durch eines der vier Fenster.
In einem natürlichen Lebensraum gibt es keine rechten
Winkel. Da sind sich Jürg Hadorn und Heini Hediger einig.
Aufnahme von 2023.

habt. Auch hier seien sie pragmatisch vorgegangen, wobei die Pfleger bei der Auswahl der Tiere grossen Einfluss gehabt hätten. So dürften die Dornschwanzagamen als Vertreter der Reptilien in die Afrika-Savanne gekommen sein, weil der damals Zuständige an diesen Echsen seine Freude hatte.

MIT DER «WIEGE DER MENSCHHEIT» ZU DRITTMITTELN

Der Gemeinderat hatte dem Tierparkdirektor bei seinem Amtsantritt gleich den Auftrag erteilt, für die Jahre 2000 bis 2015 eine Planung vorzulegen. Ein Grundsatz in der vom Gemeinderat schliesslich bewilligten Entwicklungsstrategie für den Tierpark lautete, dass neue Anlagen nach Möglichkeit durch Drittmittel finanziert werden sollten. Beim Umbau der Volieren in eine Afrika-Savanne stand Schildger deshalb vor der Frage, wie er für die Finanzierung Sponsoren gewinnen könnte. Rund 80 000 Franken benötigte er, eine vergleichsweise kleine Summe.

Mit dem ihm eigenen Flair für Publicity entwickelte Schildger eine packende Erzählung. Im Vivarium entstand nämlich eine ungewöhnliche Tiergemeinschaft aus Säugetieren, Vögeln und Reptilien. Einen gemeinsamen Lebensraum für Vertreter dieser drei Tiergruppen gäbe es so nirgends in Europa zu sehen. Die Afrika-Savanne, verkündete er, sei der Olduvai-Schlucht nachempfunden. Auf Anhieb wussten wohl die wenigsten, was es damit auf sich hatte. Wer sich kundig machte, staunte nicht schlecht: Die Schlucht im Norden Tansanias, nicht weit von der Grenze zu Kenia entfernt, zählt zu den «Wiegen der Menschheit». In diesem Teil des ostafrikanischen Grabenbruchs wurden Steinwerkzeuge der Oldowan-Kultur gefunden, die zu den ältesten der Menschheitsgeschichte gehören.[246] Rund 1,8 bis 2 Millionen Jahre alt sind die Werkzeuge, vielseitig einsetzbare Objekte, die mithilfe von Steinen zugehauen worden waren. Schildgers Erzählung umgab die Afrika-Savanne mit einer kulturgeschichtlichen Aura.

In die bedeutungsvolle Trockenlandschaft mit spärlichem Pflanzenbewuchs zogen 2000 als erste Temminck-Rennvögel ein, die von Tansania über Kongo, Angola und Mosambik bis in den Nordosten Südafrikas vorkommen. Ihnen folgten kleine Nagetiere, und zwar Kurzohrrüsselspringer aus dem südwestlichen Teil Afrikas. Vervollständigt wurde die Gemeinschaft in der Halbwüste mit Flammenkopf-Bartvögeln aus dem östlichen Afrika und den Dornschwanzagamen aus dem Nordosten Malis. Nebenbei bemerkt: In der Olduvai-Schlucht würde man vergebens nach den Echsen suchen. Die kommen dort nämlich nicht vor. Aber das ist in Schildgers Meistererzählung ein vernachlässigbares zoologisches Detail.

Die provokative Pose als Markenzeichen: Tierparkdirektor Bernd Schildger im Jahr 2016. In der Stadt wurde er oft als «Stadtoriginal» oder «Paradiesvogel» bezeichnet.

Als Sponsor für das tierische Multikulti aus allen Teilen Afrikas gewann der Tierpark die Treuhand Cotting AG Bern, woran bis heute eine Messingtafel an einem der Betonpfeiler erinnert. Leider mochte sie sich auf Anfrage nicht mehr zu ihrem Engagement äussern. Dabei wäre es interessant gewesen zu erfahren, warum sie sich damals für die Savannenbewohner entschieden hatte. Ohne die Bereitschaft Dritter, sich im Tierpark finanziell zu engagieren, könnten die meisten

Projekte, die ja zu einer artgerechteren Tierhaltung beitragen, nicht realisiert werden und blieben Papiertiger. In diesem Sinne brauchte es die provozierenden Statements und schrillen Auftritte, mit denen Schildger die öffentliche Aufmerksamkeit meisterhaft auf sich zog.

A00282: NAMENLOS UND UNAUFFÄLLIG

Woher die für die Afrika-Savanne bestimmten Dornschwanzagamen herkamen, lässt sich nicht mehr rekonstruieren. Laut der Datenbank des Tierparks stammten die vier Echsen, zwei Männchen und zwei Weibchen, aus privater Haltung. Sie taten sich schwer mit der Anlage. Am Tag war ihnen zu kalt, in der Nacht zu warm. Schuld daran waren die Vögel. Von der Decke herunterhängende Wärmestrahler für die Besonnung der Reptilien kamen nicht infrage, weil sich sonst die Flammenkopf-Bartvögel daran verbrannt hätten. Zu kalte Nächte behagten den Rennvögeln nicht. Bereits Ende 2000, nur einige Monate nach dem Einsetzen, registrierte die Datenbank den Tod einer ersten Dornschwanzagame. Im darauffolgenden Jahr gingen zwei weibliche Tiere ein, sodass Ende 2001 noch ein Männchen übrig blieb. So wenigstens wurde das Tier im Bestandsverzeichnis ausgewiesen. Im folgenden Jahr kam der Tierpark zum gegenteiligen Schluss. Nun ging er von einem Weibchen aus.

An sich besteht bei den Dornschwanzagamen ein Geschlechtsdimorphismus: Männchen und Weibchen lassen sich von blossem Auge unterscheiden. Die Männchen sind grösser, ihr Kopf weist eine spitzere Schnauze auf und ihre Schuppenfärbung ist kontrastreicher. Zudem haben die Männchen vergrösserte Postanalschuppen. Falsche oder offene Zuschreibungen kämen aber immer wieder vor, erklärte mir die für die Afrika-Savanne zuständige Kuratorin Dina Gebhardt. Zu unspezifisch seien die Unterschiede. Um Klarheit zu schaffen, hätte der Tierarzt die Echse betäuben und eine Endoskopie machen müssen. Bei diesem invasiven Eingriff wird durch die Kloake, die Körperöffnung zum Geschlechtsorgan, eine Sonde eingeführt. Obschon die Endoskopie in den Nullerjahren in Mode gewesen sei, hätte der Arzt zu Recht darauf verzichtet, da die Belastung für das Tier gross gewesen wäre.

Bei der verbliebenen Echse handelte es sich also um ein weibliches Tier. Sie wurde 1995 geboren, trug keinen Namen und wurde in der Datenbank mit der Identifikationsnummer A00282 individualisiert. Mittlerweile schien sich die namenlose Dornschwanzagame, von der auch keine Fotografien existieren, an ihre Wohngemeinschaft gewöhnt zu haben. Ein ermutigendes Zeichen, weshalb der Tierpark 2003 ein weiteres Mal vier *Uromastyx maliensis* anschaffte. Wiederum bezog er sie aus privater Haltung. Vielleicht würde es diesmal mit der Nachzucht klappen. Bei den Dornschwanzagamen setzt die Geschlechtsreife eher spät ein, nach drei, vier Jahren. Nach der Paarung legt das Weibchen einmal pro Jahr bis zu zwanzig Eier in die Erde, aus denen nach achtzig bis hundert Tagen sechs bis zehn Zentimeter grosse Jungtiere schlüpfen.

Von den vier neu eingesetzten Dornschwanzagamen überlebte einzig ein junges Männchen. Während die Echsen in ihrem Herkunftsland Mali kaum je einen Artgenossen, geschweige denn andere Tiere zu Gesicht bekommen, rannten in der Afrika-Savanne des Tierparks Temmincks herum; sobald es eindunkelte, wuselten auch die Nager umher. Das sorgte für eine Menge Stress. Noch bildete das 1998 geschlüpfte Männchen zusammen mit dem Weibchen A00282 ein zuchtfähiges Paar. Solange die beiden Reptilien in der Savanne überlebten, war schon viel gewonnen. Doch sie brauchten dringend einen geeigneteren Platz. Laut Hadorn verlegte der Tierpark die Tiere vorerst ins 2005 neu eröffnete Nashornleguan-Gehege, wo sie klimatische Bedingungen vorfanden, die ihren Temperaturbedürfnissen entsprachen. Endlich konnten sie unter den Wärmelampen sonnenbaden. Allerdings blieb der Ortswechsel eine Notlösung. Schliesslich stellte ein Tierpfleger die beiden Echsen bei sich privat ein. Aber auch er blieb glücklos; 2007 starb das Pärchen. Nach zwölf Jahren ging für das tiefenentspannte Wüstentier A00282 ein bewegtes Leben zu Ende. In freier Wildbahn erreichen die Echsen ein Alter von bis zu 15, in Ausnahmefällen von bis zu zwanzig Jahren, während sie in Gefangenschaft nach Angaben von Züchtern auch schon dreissig Jahre alt wurden.

In der Datenbank existierte das Pärchen weiter. Bis 2020 wurde es im jährlich publizierten Tierbestand als «Out on Loan» ausgewiesen, als im Eigentum des Tierparks Bern extern eingestellte Exemplare. Offensichtlich hatte man vergessen, den Tod von A00282 nachzutragen, sodass sie, wenigstens virtuell, rekordverdächtig alt wurde und für einmal reichlich Spuren hinterliess, die sich im Nachhinein jedoch als Falschmeldungen erwiesen. Die Echse blieb ein äusserst unauffälliges Tier.

CHANCEN UND RISIKEN VON TIERGEMEINSCHAFTEN

Die Afrika-Savanne zählt zu den frühesten Tiergemeinschaften im Tierpark. Ihre Einführung stellte für das Dählhölzli ein Wagnis dar. Der mangelnden Erfahrung fielen die Dornschwanzagamen zum Opfer, da sie sich nicht für die Anlage eigneten und als Einzelgänger in einer Gruppe auch falsch gehalten wurden. In den mittlerweile

Von der Afrika-Savanne aus schauten die Dornschwanzagamen auf eine tropische Landschaft. Aufnahme von 2013.

über zwanzig Jahren tauchten in der Berner Halbwüste immer wieder neue Tiere auf. Zwischenzeitlich lebten hier Tränenbartvögel, Goldbrüstchen und Berber-Streifengrasmäuse; Tierarten, die wie die Dornschwanzagamen und die Kurzohrrüsselspringer wieder aus dem Tierpark verschwanden. Selbst Termiten kraxelten eine Zeit lang auf dem Vegetationsband vor dem Gitter umher. Jeder andere Ort wäre ihnen als Futtertiere schlecht bekommen.

Eine Gemeinschaftshaltung bietet Chancen und Risiken. Durch das Zusammenlegen von Gehegen gewinnt der Tierpark Raum für grössere Anlagen. Grosszügige und gut strukturierte Lebensräume sind für die Tiere ein Gewinn und für das Publikum interessant, da sie die Illusion von lebensnahen Habitaten erzeugen. Für die Tiere erweitert sich bei einer richtigen Zusammensetzung der Arten ihr Verhaltensrepertoire, weil sie durch die Konfrontation zu Reaktionen angeregt werden. Das kann aber auch zu Stress führen. Dornschwanzagamen etwa brauchen Ruhe und störungsfreie Zonen. Sie suchen keinen Kontakt. Zu den elementaren Bedürfnissen der Tiere, darauf wies Hediger schon in seiner Tiergartenbiologie hin, zählt der Tagesrhythmus.[247] Stimmt er in einer Gemeinschaft nicht überein, führt die ständige gegenseitige Störung der Ruhephasen zu Unverträglichkeiten. Je mehr Möglichkeiten gerade die in der Hierarchie unten stehenden Arten haben, sich in geschützte Räume zurückzuziehen, desto grösser sind die Chancen, dass sich die Arten aneinander gewöhnen. Aber selbst wenn in einem Gehege Tierarten zusammenleben, von denen man aus Erfahrung weiss, dass sie sich gut vertragen, kommt es zuletzt auf den Charakter der jeweiligen Individuen an. Immer wieder kommt es vor, dass einzelne Tiere an irgendetwas Anstoss nehmen und sich nicht in die Gemeinschaft einfügen lassen.

VISIONEN WIDER DIE ZERSIEDELUNG

Um gut strukturierte Lebensräume von hoher Qualität ging es auch in den Konzepten zur zukünftigen Raumgestaltung in der Schweiz. Sie legten Vorschläge zur Eindämmung der Zersiedelung vor. Unter dem Schlagwort «Metropole Schweiz» präsentierte 2002 ein Verein von Raumplanungsexperten und Fachfrauen aus der ganzen Schweiz der Öffentlichkeit seine Charta.[248] Die einzelnen Teile des Landes, so die Prognose, würden zu einer urbanen Schweiz zusammenwachsen. Mit seinem Plädoyer für eine offene, städtische, multikulturelle und mit der Welt verflochtene Schweiz stemmt sich das Manifest gegen das in die Kulturfläche ausufernde Häusermeer. Deshalb forderte der Verein eine Verkleinerung der Bauzonen auf den Bedarf einer Generation, Verdichtungen in den bereits überbauten Siedlungsflächen, keine neuen Shoppingcenters auf der grünen Wiese. Direktzahlungen sollten den Erholungswert der Landschaft berücksichtigen, die

Agroindustrie wollte man einschränken. Der Verein sprach sich für den Erhalt der Natur aus, für die Pflege der Kulturlandschaft, für das Ausscheiden von Bioreservaten, für die Umsetzung der Alpenkonvention. Obwohl 50 000 Exemplare der Charta gedruckt wurden, löste die Streitschrift wenig Echo aus.

Unzufrieden mit dem Status quo in der Raumplanung, die ihren Namen nicht verdiente, war auch Avenir Suisse, die liberale Denkfabrik der Schweizer Wirtschaft. Nichts weniger als den Rückbau der dezentralisierten Konzentration, die über Jahrzehnte die unumstrittene Maxime einer auf Ausgleich orientierten Politik war, schlug sie in ihrer Studie «Stadt-Land Schweiz» vor.[249] Mit Blick auf den internationalen Standortwettbewerb müsse man nicht Regionalpolitik betreiben, sondern die drei Metropolitanräume Zürich, Genf/Lausanne und Basel stärken. Ausgerechnet für diese Räume würden politische Steuerungsgremien fehlen. Die föderalistische Struktur habe zur Folge, dass ständig Partikularinteressen verfolgt würden, statt das grosse Ganze in den Blick zu nehmen. Dabei wären Kooperationen, auch über die Landesgrenzen hinaus, vonnöten. Avenir Suisse befürwortete die Verdichtung, also das Bauen nach innen, die extensive Landwirtschaft, gar die ökologische Rückeroberung von Räumen im Mittelland. Trotz ihrer Provokationen warf auch diese Studie keine hohen Wellen.

Die fehlende Resonanz bestärkte Benedikt Loderer in seiner Ansicht, wonach die Raumplanung in einer tiefen Krise steckte.[250] Dem «Weiterdörfeln», den Begriff hatte der Architekt und Schriftsteller Max Frisch schon 1948 geprägt, galt Loderers publizistischer Kampf. Mithilfe der von ihm angestossenen und lange Zeit geleiteten Zeitschrift für Architektur und Design *Hochparterre* wetterte er, der «Stadtwanderer», so der Titel einer Rubrik, die zu seinem Markenzeichen wurde, gegen das Primat des Konsums. Er schimpfte auf die Aggloschweiz, in der immerhin siebzig Prozent der Menschen leben, oder verfasste «Die Landesverteidigung», eine Streitschrift wider das Ausgreifen des Pendlerlandes in die Landschaft.[251]

VERDICHTUNG ALS NEUES GESTALTUNGSPRINZIP

Metropolitanraum, Stadt-Land Schweiz, Pendlerland oder Aggloschweiz waren alles Raumkonzepte, die um die Jahrtausendwende auf einen als krisenhaft wahrgenommenen Status quo reagierten. Auch die Afrika-Savanne im Dählhölzli fusste zur selben Zeit auf der Einsicht, dass die Raumordnung im Tierpark anders gedacht werden musste. Hinter dieser thematischen Parallele steckt mehr als eine zeitliche Koinzidenz. Was im Grossen für das Land galt, zeigte sich im Kleinen für das Dählhölzli. Nach dem Zweiten Weltkrieg waren im und um das Vivarium neue Anlagen auf Kosten des Waldes entstanden. Es wurde Holz geschlagen, damit der Tierpark expandieren konnte. Die einstige Lichtung im Dählhölzli verwandelte sich in eine offene Fläche, auf der immer mehr Gehege errichtet wurden. Die baulichen Eingriffe blieben additiv. Sie folgten keinem Gesamtkonzept, sondern Mehrjahresplanungen, nach denen überalterte Anlagen saniert oder vollständig neu errichtet wurden. Als Folge davon breitete sich der Tierpark immer mehr aus, bis er gegen Ende des 20. Jahrhunderts an seine räumlichen Grenzen stiess.

In einem im Jahr 2000 veröffentlichten Bericht «Siedlungsraum Schweiz» folgerte das Bundesamt für Raumentwicklung, Agglomerationen sollten nicht weiter in die Fläche wachsen, sondern räumlich strukturiert sein, sich nach innen entwickeln. Die Kernstädte wollte man für Familien wieder attraktiver machen.[252] Das liest sich wie eine Handlungsanleitung für Schildger: Der Tierpark sollte sich nicht weiter ausdehnen. Vielmehr verlegte der neue Direktor den Fokus auf das bereits vorhandene Innere, dieses sollte neu geordnet und aufgewertet werden, die Anlagen wollte er stärker den Bedürfnissen der Tiere anpassen.

Der Verzicht auf Tierarten schuf Raum für Neues. Für Tiergemeinschaften beispielsweise, für eine bessere Ausnutzung der «bestehenden Siedlungsflächen», um es in den Worten der Raumplanung auszudrücken, für eine Verdichtung nach innen. Indem Hadorn im Vivarium Mauern niederriss und einen Gang aufhob, gewann er zusätzliche Quadratmeter. Gut strukturierte Siedlungen fördern das Wohlbefinden seiner Bewohnerinnen und Bewohner, hielt das Bundesamt im Bericht fest. Was auf die Menschen gemünzt war, trifft auf die Tiere ebenso zu: Je mehr Bedürfnisse sie in einer Anlage ausleben können, desto wohler fühlen sie sich. Klug zusammengesetzte Tiergemeinschaften erweitern das Verhaltensrepertoire der miteinander lebenden Arten. Das kann im Einzelfall schiefgehen, wie das Schicksal der Dornschwanzagamen lehrt, ändert aber nichts am Grundsatz.

Mit baulichen Akzenten wie der Afrika-Savanne gewann das Dählhölzli an Profil. Mehr Platz für weniger Tiere: Ein Raumplanungskonzept wurde zum Markenzeichen des Tierparks.

CLOWNFISCH NEMO (*2014/15) UND DIE DIVERSITÄT

An einem Nachmittag im Juni 2023 steigt Dina Gebhardt über eine Leiter in den Berner Indopazifik. Bis zum Hals steht ihr das Wasser. Ihr Neoprenanzug schützt sie vor dem Gift der Korallen und Anemonen, sollte sie deren Tentakel und Polypen beim Reinigen der Glasscheibe berühren. Schlimmer wäre ein Stich von einem der Doktorfische, die mit ihrem Stachel am Schwanzende, Skalpell genannt, schwere Blutvergiftungen verursachen. Deshalb zieht die für die Aquarien zuständige Kuratorin Handschuhe an. Ein tiefer Atemzug, dann taucht sie ab. Sie presst einen Schwamm an die mehrere Zentimeter dicke Scheibe und beginnt zu schrubben. Begleitet wird sie dabei von Kofferfisch Coni, die sich an den weggeschabten Algen und aufgewirbelten Kleintierchen gütlich tut. Hinter der Scheibe, im Publikumsraum der Tonne, wie der Aquarienraum in Bern heisst, geht es derweil wild zu und her. «Nemo!», «Dorie!» rufen die herbeieilenden Kinder beim Anblick des Korallenriffs. Als einer der Knirpse im 40000 Liter-Grossbecken Clownfische entdeckt, bildet sich eine Traube. Während die Lehrpersonen von Meerjungfrauen und Anemonen dozieren, verschiebt sich der Tross schon wieder in Richtung der Seehunde. Ein älterer Herr wundert sich, warum die Taucherin nicht die Korallen und Anemonen in ihrem Rücken streift. Seine Aussenperspektive ist jedoch verzerrt, weil die schräg gestellte Frontscheibe die Raumtiefe verkürzt wiedergibt. Das Becken ist breiter, als es den Anschein macht.

Vom Treiben vor und hinter der Scheibe lassen sich die Clownfische nicht beeindrucken. In oft hektischen Bewegungen schwimmen sie um ihre Steinkoralle. Deren cremefarbene Polypen enden in grünen, feingefiederten Tentakeln, die in der Strömung sanft hin- und herwiegen. Obschon Clownfische Anemonen bevorzugen, schlagen sie auch in freier Natur ihr Revier bei Steinkorallen auf. Ob es sich beim Pärchen um ein grösseres Weibchen und ein kleineres Männchen handelt, wie es an sich zu erwarten wäre, ist unklar. Morphologisch spricht vieles dafür, auch das dominante Verhalten des grösseren Fisches passt. Eierablagen wurden in all den Jahren jedoch nie beobachtet. Deswegen laufen die beiden bei der jährlichen Inventur des Tierparks unter der Zählung 0,0,2; was nichts anderes heisst als 0 Weibchen, 0 Männchen, 2 nicht weiter bestimmbare Exemplare. Mit dem Geschlecht ist das bei den Clownfischen so eine Sache. Doch davon später mehr.

IM STIL DER GROTTEN-MODE

Mitte des 19. Jahrhunderts setzte sich der Begriff «Aquarium» durch, und zwar für die Bezeichnung eines meist gläsernen Behälters, in dem lebende Wassertiere und -pflanzen gehalten wurden.[253] Die Wortschöpfung aus Aqua und Vivarium soll auf den gottesfürchtigen wie umtriebigen Naturforscher Philip Henry Gosse aus England zurückgehen.[254] Gosse veröffentlichte 1854 das Werk «The Aquarium. An Unveiling of the Wonders of the Deep Sea» («Das Aquarium. Eine Enthüllung der Tiefseewunder»).[255] Sein von Bibelzitaten durchsetztes Manual beschreibt die domestizierte Unterwelt aus dem Meer und zieht aus der marinen Wunderwelt spirituelle Schlüsse für das irdische Sein. Während sich anfänglich vorzugsweise Ladies der englischen Oberschicht der modischen Aquaristik hingaben, erfasste diese rasch die Wissenschaft. Deren Erkenntnisse ebneten wiederum Grossaquarien den Weg. Gegen Ende des 19. Jahrhunderts popularisierten Publikums- und Schauaquarien, für die in der Regel Eintritt bezahlt wurde, die Inszenierung geheimnisvoller Unterwasserwelten. So auch in der Schweiz: An der ersten Landesausstellung 1883 in Zürich wurde im Stil der vorherrschenden Grotten-Mode ein unterirdisch angelegter Aquarienraum mit einheimischen Fischarten gezeigt.[256] Wer an einem heissen Sommertag hier vorbeischaute, tauchte buchstäblich in eine angenehm kühle Unterwelt ab.

Ebenfalls einer unterirdisch angelegten Steingrotte nachempfunden ist die Tonne im Dählhölzli. Den Namen erhielt der Aquarienraum aufgrund seiner gewölbten Decke. Das Bauprinzip der Grotte hatte trotz der spektakulären Szenografie vor allem praktische Gründe. Die Vermeidung von Tageslicht schützt die Aquarien vor Algenbefall. Wie die meisten Zoos besass der Tierpark von Anfang an eine eigene Abteilung für Fische und Meerestiere. Unter den 31 kleinen und mittleren Becken, die auf Augenhöhe in der rechteckigen Tonne auf allen Seiten angebracht waren, befand sich das grösste Aquarium der Schweiz. Es umfasste 18 000 Liter Wasser und war eine der Hauptattraktionen.[257] Im Grossbecken tummelten sich einheimische Fische wie Hechte und Barben. Linker Hand reihten sich der Länge nach Behälter mit Fischen aus Schweizer Seen und Flüssen auf, rechter Hand wurden fremdländische Tiere gezeigt. Die Meerestiere stammten vor allem aus dem Mittelmeer, daneben gab es Süss- und Salzwasserfische aus Afrika. Die Wärme für diese Becken bezog der Tierpark aus einer Fernölheizung, die sich im Ökonomiegebäude unten an der Aare befand. Zusätzlich wurden die Aquarien elektrisch beheizt. Nach der Eröffnung barsten mehrere der schräg montierten Glasscheiben, weil sie dem Wasserdruck nicht standhielten. Selbst beim Grossbecken waren Nachbesserungen nötig. Mehrere Jahre lang verfügte es über keine Filteranlage mit einem geschlossenen Kreislauf. Dafür wurde es ständig mit kaltem Leitungswasser durchströmt. Mischte man dem Wasser etwas bei, etwa ein Medikament zur Behandlung der Fische, floss alles in die Kanalisation ab.

EINZUG DER KORALLENFISCHE

«Die im Tierpark gezeigte Art, der Orangeringelfisch, ist ein kleines, grell orange und weiss gebändertes Fischchen. Wenn der Schwarm durch das Bassin schwimmt, könnte man meinen, seltsame tropische Schmetterlinge zu sehen.»[258] Was der Zeitungsredaktor des *Bunds* 1956 sah, waren Clownfische. Der Anblick der Korallenfische in Bern war eine kleine Sensation und alles andere als eine Selbstverständlichkeit.

Bereits der Bezug gesunder Tiere erwies sich als Herausforderung. Viele der mittlerweile erschwinglichen Fische, wusste der Journalist zu erzählen, starben während des Transports oder wurden, kaum eingesetzt, binnen weniger Tage von Pilzkrankheiten befallen. Nicht minder anspruchsvoll war deren Haltung. Ein Riff, wo die Clownfische in Symbiose mit den Anemonen lebten, klärte er die Leserschaft auf, könne der Tierpark den Wildfängen nicht bieten. Ob die ersten Clownfische in ihrem Berner Aquarium wenigstens über eine Anemone verfügten, ist unklar. Die Beobachtungen des Journalisten deuten eher darauf hin, dass sie nicht artgerecht gehalten wurden und wohl ohne ihr Blumentier auskommen mussten. Die Aquaristik steckte damals in den Kinderschuhen, was sich in einer hohen Sterblichkeit der Fische niederschlug.

Leuchtend farbigen Fischen aus fernen Ländern haftete 1956 etwas Geheimnisvolles an, weil die wenigsten Besucherinnen und Besucher so etwas je mit eigenen Augen gesehen hatten. Nicht umsonst warb der Tierpark nach dem Erwerb der Clownfische in den Lokalzeitungen mit der Annonce: «Im Aquarium neu: Erstmals Korallenfische.»[259] Als im Winter 1957/58 die kostbaren Fische einer von Parasiten verursachten Krankheit erlagen, dauerte es Monate, bis die

Direktorin Monika Meyer-Holzapfel sie durch andere Arten ersetzen konnte. Seither präsentierte das Dählhölzli in seinen Aquarien stets Korallenfische, darunter immer mal wieder Clownfische, je nach Angebot von Zoohandlungen und Privatpersonen.

ZWEI NEMOS FÜR BERN

Knapp fünfzig Jahre nach der Ankunft der ersten Clownfische kaufte der Tierpark 2003 für hundert Franken von einer Frau Stettler aus Bern wieder einmal ein Pärchen. Zum Kauf motiviert wurde er durch den im Mai angelaufenen, später mit einem Oskar prämierten Animationsfilm «Finding Nemo» («Findet Nemo»). Ein Kassenschlager, der weltweit für Furore sorgte und gegen eine Milliarde Dollar einspielte. Auch in der Schweiz avancierte der Film zum Publikumsliebling. Mit mehr als einer Million registrierter Eintritte erreichte er eine absolute Traummarke.[260] Ende November schloss sich das Dählhölzli dem globalen Hype an. Mit dem Kauf von zwei Exemplaren betrieb der Tierpark Marketing.

Die Geschichte des Animationsfilms ist rasch erzählt: Nemo, ein junger Anemonenfisch, der seit dem tragischen Tod seiner Mutter vom ängstlichen Vater Marlin grossgezogen wird, lässt sich im Übermut von einem Taucher einfangen. Während Nemo im Aquarium eines Zahnarztes aus Sydney landet, macht sich der verzweifelte Vater auf die Suche nach seinem entführten Sohn. Mithilfe zahlreicher Tiere, darunter der unter Gedächtnislücken leidenden Doktorfischdame Dorie, und nach einer Reihe von aberwitzigen Abenteuern spüren Marlin und seine Freunde Nemo in der Arztpraxis auf. Bevor sie dort aber eintreffen, gelingt dem kleinen Clownfisch die Flucht. Listig stellt er sich tot, worauf er ins Klo geworfen wird. Nach einem wilden Ritt durch das Kanalisationssystem spült ihn das Abwasser ins Meer vor Sydney. Hier findet die Clownfischfamilie zusammen, und gemeinsam kehren sie in ihr Korallenriff zurück.

Zur Ehrenrettung des Tierparks sei gesagt, dass er den Erwerb seiner Clownfische nicht an die grosse Glocke hängte. Im Mitteilungsblatt des Tierparkvereins erschien eine Fotografie, auf der einer der beiden Clownfische zu sehen ist, wie er sich in den Polypen seiner Anemone versteckt.[261] Die Bildlegende dazu lautet: «Anemonenfische wie Nemo sollten Sie im Tierpark beobachten.» Ansonsten verlor der damalige Kurator des Tierparks, Marc Rosset, in seiner Rückschau kein Wort über die Clownfische. Marketingtechnisch betrachtet, bestand viel Luft nach oben.

ÜBER DAS STRESSIGE LEBEN IN DER SANFTEN STRÖMUNG

Die nächsten vier Jahre verbrachten die zwei Clownfische standorttreu bei ihrer Anemone. Besondere Ereignisse aus ihrem Leben sind keine überliefert. Für Aufregung dürfte 2007 die Einsetzung von vier weiteren Clownfischen ins Aquarium gesorgt haben – ein Geschenk aus Villars-le-Grand.[262] Die Gruppe arrangierte sich. Zu Zwischenfällen kam es nie, sodass die jährliche Inventur bis 2013 bei *Amphiprion ocellaris,* die lateinische Bezeichnung für Clownfisch, stets sechs Exemplare zählte. Im Gegensatz zu Nemo und seinen Freunden führten die Berner Exemplare ein von Abenteuern freies Dasein.

Clownfische bevorzugen Riesenanemonen, Prachtanemonen oder Mertens Anemonen. Sie schwimmen nicht im Riff herum, schon gar nicht im Schwarm, wie der Zeitungsredaktor 1956 behauptet hat. Bei Gefahr verstecken sie sich zwischen den Tentakeln der Blumentiere. Deren Gift schreckt die Angreifer ab, weil ein Kontakt zum Tod führen kann. Gegen das Nesselgift ihrer Hauswirte sind die Clownfische immun. Allerdings nicht von Beginn weg. Erst nach und nach werden die heranwachsenden Clownfische unempfindlich, indem sie von den Tentakeln Schleim aufnehmen und diesen ihrer eigenen Körperschleimschicht zuführen. Kommen die Nesselzellen der Tentakel mit dem Körper des Clownfischs in Berührung, stossen sie kein Gift aus, weil sie ihn als ihresgleichen wahrnehmen. Als Gegenleistung für den Schutz putzen die Clownfische die Tentakel der Anemone, geben Fressreste ab, welche die Anemone aufnimmt, und verteidigen das Revier gegen Falter- und Feilenfische, die sich, da ebenfalls immun, sonst an den Blumentieren genüsslich tun würden. Zudem erhält die Anemone aufgrund der Flossenbewegungen der Fische einen steten Zustrom an Plankton. Trotz der Symbiose kommt es vor, dass kranke oder geschwächte Fische vom wirbellosen Tier getötet und gefressen werden.

In einem Korallenriff erreichen die Clownfische ein Alter von fünf bis acht Jahren, in einem Aquarium werden sie in Ausnahmefällen bis zu fünfzehn Jahre alt. Ausgewachsene Exemplare messen sechs bis acht Zentimeter. Das grösste Tier einer Gruppe ist stets das Weibchen. In jeder Anemone beziehungsweise pro Gruppe existiert immer nur ein einziges Weibchen, alle anderen, deutlich kleineren Fische sind Männchen. Wer sich wie der weibliche Clownfisch einen Männerharem leistet, lebt, zoologisch betrachtet, polyandrisch. Zur Not, wenn nur ein Männchen da ist, sind die Fische auch monogam. Diese Lebensform ist möglich, weil die Clownfische Zwitter sind. Vorerst bilden sie sich zu Männchen aus und produzieren männliche Keimzellen. Den Laich des Weibchens befruchten allerdings nur die älteren Männchen.

Stirbt das Weibchen, wandelt sich das älteste und grösste Männchen in ein Weibchen um, «Proterandrie» wird dieser Typ der Geschlechtsumwandlung genannt. Während der Umwandlung wachsen die Jungtiere nach und spritzen nun ihrerseits ihre Spermien über den Laich. Ab einem bestimmten Wachstumsstadium verkümmern die Hoden und die Ausbildung der Eierstöcke setzt ein. Deswegen stresst das Weibchen seinen Männerharem, weil das unter Stress ausgeschüttete Hormon Cortisol das Wachstum und damit die Geschlechtsumwandlung der nachrückenden Männchen unterdrückt. Wenn Clownfische hektisch umherschwimmen, weil sie vom grössten Exemplar gejagt werden, dient das der Spermienproduktion.

Der Vorteil der Umwandlung liegt auf der Hand. Da ausserhalb des Reviers Fressfeinde lauern, verläuft die «Partnersuche» unter Minimierung von Verlusten im Schutze der Anemone. Dank seiner Grösse kann das Weibchen auch mehr Eier ablegen. Das tut sie alle zwei, drei Wochen. Meistens befinden sich die Gelege am Fusse der Anemone. Die Brutpflege übernehmen die Männchen. Sie fressen die von Fäulnis befallenen Eier auf und fächeln mit ihren Flossen dem Gelege frisches Wasser zu. Nach gut einer Woche schlüpfen die Larven. Sie sind farblos und höchstens einige Millimeter gross. Von der Strömung werden sie ins freie Wasser getragen. Nur wenige überleben und suchen sich als Jungfische, wohl angelockt von Geruchsreizen, eine Anemone.

Untereinander teilen sich die Clownfische auch mittels Knacklauten mit.[263] Dank schnellen Kieferbewegungen, die durch ein sich zusammenziehendes Band ausgelöst werden, schlagen sie die Backenzähne aufeinander, wobei der Kiefer als Schallraum dient. Auf diese Weise erzeugen sie Lautfolgen von bis zu acht Einzelimpulsen, die nur Sekundenbruchteile dauern. Jede der rund dreissig bekannten Anemonenfischarten hat ihre eigenen Laute. Diese Tatsache ist seit den 1930er-Jahren bekannt. Worin die Funktion der Kommunikation besteht, ist indes nach wie vor unbekannt.

ZIERFISCHE ALS GESCHÄFT

Im Nachgang zum Animationsfilm «Finding Nemo» nahm der weltweite Handel mit Clownfischen sprunghaft zu. Die Tiere wurden nicht nur von Zoos, sondern vor allem von privaten Aquariumsbesitzern nachgefragt. Dadurch geriet der ansonsten kaum beachtete Handel mit Zierfischen in den Fokus. Wer das Ausmass des globalen Handels mit Korallenfischen ermitteln will, stösst auf unüberwindbare Hindernisse, denn die staatlichen Kontrollen und die statistische Erfassung erweisen sich als vollkommen unzureichend.

Diese Erfahrung machte Monica Biondo. Sie arbeitet für die Fondation Franz Weber und engagiert sich seit Jahren für den Schutz von Zierfischen. In ihrer Dissertation untersuchte die Meeresbiologin den Handel von Korallenfischen in der Schweiz.[264] Für das Stichjahr 2009 ermittelte sie aufgrund von Daten des Eidgenössischen Zollamts Einfuhren von über 28 000 Meerwasser-Zierfischen, die direkt aus Staaten ausserhalb der Europäischen Union in die Schweiz eingeführt wurden, wobei rund ein Drittel davon aus der Schweiz wiederum in Drittstaaten exportiert wurde. Von den 28 000 Fischen landeten längst nicht alle zwischenzeitlich oder für immer in Schweizer Aquarien. Wurden die Tiere aus einem EU-Land bezogen, tauchten sie 2009 in keiner Statistik auf, weil sie nicht deklariert werden mussten. Aufgrund fehlender Angaben lassen sich über die Menge der nicht registrierten Zierfische keine zuverlässigen Schätzungen herleiten.[265] Von den dokumentierten Zierfischen waren 2009 das blau-grüne Schwalbenschwänzchen und der Clownfisch am beliebtesten. Die farbenprächtigen Korallenfische gelangten als Wildfänge in die Schweiz. Hauptlieferanten waren und sind Indonesien und die Philippinen. Hauptabnehmer im weltweiten Handel sind die Vereinigten Staaten, Europa und Japan.

Hinter den Zahlen der lebend eingeführten Tiere verbergen sich all jene Fische, die beim Fang oder während des Transports zu Tode kamen. Da kein internationales Monitoring besteht, weiss niemand, wer welche Arten und in welcher Zahl dem Meer entnimmt, wie viele von ihnen lebend in die Aquarien gelangen und wie lange sie dort leben. Ebenso im Dunkeln bleibt die Antwort auf die Frage, was die Entnahme der Wildfänge für die Bestände und das Ökosystem der Korallenriffe bedeutet. Je nach Standpunkt und Interessenvertretung gehen die Angaben und Ansichten diametral auseinander. Immerhin ist bis heute keine Fischart bekannt, die aufgrund der Aquaristik verschwunden wäre.

Mit mehr als der Hälfte der rund 4000 bekannten Fischarten, die in den Korallenriffs leben, wird gehandelt. Rund siebzig Prozent der gehandelten Arten hat die Weltnaturschutzunion, die International Union for Conservation of Nature (IUCN), noch nicht erfasst, obschon sie die Listen laufend aktualisiert. Sie weiss über deren Bestände schlicht zu wenig, um Empfehlungen abgeben zu können. Deshalb tauchen diese Arten nicht auf der Roten Liste der gefährdeten Tiere auf, die als Grundlage für den Artenschutz dient. Die noch nicht erfassten Fischarten laufen unter dem Radar des internationalen Artenschutzes. Ohne ein Monitoring, das Fang und Handel kontrolliert, ist das Gefährdungsrisiko für diese Arten hoch. Solange dieser Missstand nicht behoben ist, kommt er jenen zugute, die vom einträglichen Handel profitieren. Während der lokale Fischer mit den Einnahmen aus den Fängen kaum mehr als seinen bescheidenen Lebensunterhalt deckt, erzielen Zwischenhandel und Verkauf satte Gewinne.

Mittlerweile lassen sich rund 260 Korallenfischarten – Tendenz steigend – kommerziell nachzüchten, unter anderen die Clownfische. Öffentlicher Druck und Forderungen nach einer nachhaltigeren Aquaristik haben in den letzten Jahren einiges angestossen. Führend in der Neuausrichtung ist die Universität Bangor in Wales.[266] In aufwändigen Grossanlagen züchten sie pflanzliches und tierisches Plankton, ohne das die Fischlarven nicht überleben. Um die durchsichtigen Fischlarven von einigen Millimetern Grösse einfangen zu können, bevor sie in den Zooaquarien mangels Plankton verhungern oder von anderen Fischen gefressen werden, haben Forschende ein an der Oberfläche schwimmendes Gerät entwickelt. Damit lassen sich die Fischlarven aus dem Wasser filtern. Die eingesammelten Larven schicken die Zoos nach Wales, wo sie in Brutaquarien zu Jungfischen heranwachsen. Ab einer bestimmten Grösse werden sie an die Zoos zurückverkauft, wobei bei der Auswahl der Fische darauf geachtet wird, dass stets Fische fremder Larven in die Herkunftsaquarien gelangen. Auf diese Weise bleibt die genetische Vielfalt der Zoopopulationen möglichst gross.

Eigene Recherchen im Netz zeigen, dass ich problemlos Clownfische aus Nachzuchten beziehen kann. Mittlerweile sind diese Tiere nicht teurer als die nach wie vor angebotenen Wildfänge. Die Preise bewegten sich im Sommer 2023 zwischen zwanzig und fünfzig Franken für ein Exemplar.

KERAMIK FÜR KORALLEN

Nach 25 Jahren Betrieb musste das Vivarium 2013 saniert werden.[267] Das feucht-salzige Klima im Haus hatte die Stahlkonstruktion und den Zement angegriffen. In einem schlechten Zustand befand sich auch die undicht gewordene Glashülle. Da unter dem Dach des Vivariums Meere auf Wüsten, Savannen auf den Urwald treffen, muss das Gebäude vielfältigste Bedürfnisse an Temperatur und Luftfeuchtigkeit abdecken. Über sechs Millionen Franken kostete die anspruchsvolle Erneuerung des Hauses.

Rund 800 Tiere mussten im Frühjahr 2013 das Vivarium zwischenzeitlich verlassen. Die meisten von ihnen kamen in den Quarantänestationen unter, andere beim Tierpflegepersonal, dritte gar in den Büros der Stadtverwaltung. Nur die Tiere der Urwaldvoliere und jene der Afrika-Savanne blieben in ihren Anlagen und harrten auf der Baustelle aus. Die Sanierung nahm der Tierpark zum Anlass für eine Neukonzeption der Aquarien. Aus den achtzehn kleinen und grösseren Bassins entstanden vier Grossbecken. Darin stellte der Tierpark drei Ökosysteme vor: einen Lebensraum mit Süsswasser, einen mit Brackwasser bei reduziertem Salzgehalt und einen mit Salzwasser. Die drei Ausschnitte zeigen ein Fliessgewässer im Amazonas, einen dem Gezeitenwechsel unterliegenden Mangrovenwald und ein Korallenriff. Im Zuge der Neugestaltung wurde zudem die Technik im Rückraum von Grund auf modernisiert. Dank dem Einbau neuer Wasseraufbereitungs- und Filteranlagen ergaben sich für die Zucht von Fischen und Korallen ganz neue Möglichkeiten.

Bei der Errichtung des Korallenriffs ging der Tierpark neue Wege. Konsequent folgte er dem Gebot der Nachhaltigkeit. Früher hatte man das benötigte «Gestein» für das tragende Skelett, auf dem sich die wirbellosen Korallen und Anemonen ansiedeln konnten, aus dem natürlichen Korallenriff geschlagen, was dieses schädigte. Während des Transports starb dann ein grosser Teil der darauf lebenden Mikroorganismen ab. Nach dem Einsetzen im Aquarium dauerte es Wochen, bis sich ein brauchbares Wasserklima einstellte. Ein solches Prozedere kam für Jürg Hadorn, der im Tierpark für den Bau neuer Anlagen zuständig war, nicht mehr infrage. Deswegen suchte er die pionierhafte Zusammenarbeit mit Mirjam Berghammer aus Bayern.[268] Das von Berghammer gegründete Unternehmen RiffSystem setzte auf den Werkstoff Keramik. Mit handmodellierten Elementen aus natürlichem Ton gestaltete Berghammers Team künstliche Riffe. Im Gegensatz zu herkömmlichen Betonstrukturen, die ebenfalls als Alternative zu natürlichem Riffgestein zum Einsatz kamen, gibt die vom Gewicht her deutlich leichtere Keramik keine schädlichen Stoffe an das Wasser ab. Da der gebrannte Ton porös und biologisch inert ist, das heisst unter den Bedingungen des Salzwassers nicht chemisch reagiert, eignet er sich vorzüglich für die rasche Besiedlung von Korallen. Ein weiterer Vorteil liegt darin, dass das künstliche Riff steril ins Aquarium eingesetzt wird, sodass sich das Wasserklima schon nach kürzester Zeit einspielt.

Bezüglich Nachhaltigkeit war das Berner Korallenriff ein Vorzeigeprojekt. Als eines der grössten seiner Art in Europa achtete der Tierpark darauf, dass, wenn immer möglich, die Fische und Korallen aus Schweizer Zucht stammten. Innovative Lösungen suchte Hadorn auch für das Licht. Herkömmliche Halogen-Metalldampflampen erzeugen nur einen Teil des Farbenspektrums. Das hatte zur Folge, dass unter diesem Licht zahlreiche Korallen nicht gezüchtet werden konnten – oder höchstens unter Beizug von speziellen Neonröhren. Nur die robustesten und anspruchslosesten Meerestiere liessen sich in Aquarien halten. LED-Lampen versprachen einen Quantensprung. 2013 hatte allerdings kaum jemand Erfahrung mit LED.

Obschon die Hersteller meinten, für ein Meerwasseraquarium würden die LED-Leuchten nie ausreichen, wagte Hadorn den Schritt. Ein befreundeter Aquarianer, der zusammen mit einem Physiker schon länger mit LED-Beleuchtung für Aquarien experimentierte, hatte ihn von der Machbarkeit überzeugt. Er sei, so Hadorn im Gespräch mit mir, das finanzielle Risiko eingegangen und habe die beiden einen Prototyp entwickeln lassen, der entgegen allen Prophezeiungen bestens funktioniert habe. Heute sei LED Standard, erklärt

Feucht und dunkel ist es in der Tonne. Seit 2013 beherbergt die Grotte im Vivarium ausschliesslich das Korallenriff. Aufnahme von 2023.

er mit hörbarem Stolz, weil deren Farbenspektrum grösser sei und das Licht stabil bleibe. Bei den Halogen-Metalldampflampen sei dies nach einer gewissen Betriebsdauer nicht mehr gewährleistet. Auf Lichtveränderungen würden die Korallen sehr sensibel reagieren, bis hin zum schnellen Absterben, schilderte Hadorn die drastischen Folgen. Zum Lichtkonzept gehören die Simulation von Gewittern mit Blitzen sowie ein Tag-Nacht-Rhythmus.

DER BERNER PAZIFIK

Meerwasser aufbereiten sei einfach, meint Hadorn, und zugleich komplex. Als Grundlage diene reines Wasser, sogenanntes Osmosewasser. Leitungswasser wäre zu stark verunreinigt. Den 40 000 Litern Osmosewasser, die sie für das Korallenriffbecken benötigt hätten, hätten sie eine fixfertige Salzmischung beigefügt, erläutert Hadorn das Vorgehen. Aufgrund des Schweizer Salzregals habe er für den Kauf des teuren Salzes gar eine Importbewilligung organisieren müssen. Einmal dem Wasser beigemischt, sei die Anlage in Betrieb genommen und während einer Woche das Wasser permanent bewegt worden. In einem natürlichen Riff wird jeder Kubikzentimeter Wasser ständig hin und her geschoben, ansonsten würden die Korallen und Fische nicht überleben. Strömungsschatten, also Räume, in denen das Wasser stillsteht, darf ein Aquarium nicht haben. Deshalb werden im Berner Riff die Korallen regelmässig «gegärtnert». Ansonsten würden sie alles überwuchern und dadurch die Strömung beeinträchtigen.

Neben der Salzmischung fügt Hadorn dem Wasser Bakterien bei. Sie sorgen für das richtige Wasserklima. Auch in diesem Bereich habe die Aquaristik enorme Fortschritte gemacht, sodass sich die Wasserqualität in Bern nicht mehr von jener im Pazifik unterscheide. Nach dem einwöchigen Probelauf mit positiven Wasserproben hätten sie alle Fische auf einen Schlag eingesetzt. Nicht weil die Zeit drängte, sondern weil es schwieriger sei, neue Fischarten in bereits besetzte Aquarien einzuführen. Seien die Reviere einmal abgesteckt, würden sie gegen Eindringlinge verteidigt. So aber hätten alle Fische einen für sie unbesetzten Ort vorgefunden und sich in einer Konkurrenzsituation arrangiert. Vom ersten Tag an habe das Aquarium funktioniert. Nur einmal seien in grosser Zahl Armleuchteralgen aufgetreten. Nachdem das Lichtfarbenspektrum leicht verändert wurde, seien diese wieder verschwunden. Aufgrund des warmen Wassers und der Tatsache, dass es ständig bewegt wird, verdunsten pro Tag rund 200 Liter aus dem Riffbecken. Dieses Wasser wird durch die Zugabe von Osmosewasser ersetzt. Würde man stets neues Salzwasser hinzugeben, stiege der Salzgehalt rasch an. Dennoch hält das Dählhölzli für alle Fälle und für kleinere Zuchtaquarien mehrere Tausend Liter Meerwasser in Reserve. Einmal wöchentlich wird der Bakterienbestand nachdosiert, einmal monatlich gehen Wasserproben an ein deutsches Labor, das sechzig Parameter untersucht. Je nach Ergebnis werden allenfalls die entsprechenden Zusätze dem Wasser beigegeben. Auf jährlich 20 000 bis 25 000 Franken schätzt Hadorn die rein technischen Betriebskosten, weshalb die Aquarien die teuersten Quadratmeter des Tierparks sind. Trotz des beträchtlichen Aufwands lebt ein Riff im Aquarium höchstens 25 bis 30 Jahre. Das habe mit dem Old-Tank-Syndrom zu tun, antwortet Hadorn auf meinen fragenden Blick. Aufgrund von Sedimenten, vor allem Phosphate und Nitrate, kommt es gegen Ende der Lebensdauer zu wiederkehrendem Befall von Bakterien und Algen. Zudem verschlechtern sich die Wasserwerte.

Übrigens unterscheide sich, präzisiert Hadorn seine Aussagen, in einem natürlichen Riff das Mikroklima des Wassers je nach Tiefe, Strömung und Umgebung. Das Berner Riff sei für Steinkorallen günstig, da diese sauberes Wasser bevorzugten, während Anemonen nährstoffreicheres Wasser mögen und deshalb bei ihnen gar nicht vorkämen. Von diesem Standpunkt aus betrachtet, gehöre Nemo nicht ins Berner Riff. Er sei ein Nebenschauplatz, im Gegensatz zur blaugrünen Demoiselle, der Hadorn nur schon wegen ihres Namens ein Porträt widmen würde.

VOM SPURLOSEN VERSCHWINDEN DER CLOWNFISCHE

Ende November 2013, nach neun Monaten Bauzeit, öffnete das sanierte Vivarium seine Tore. Das Korallenriff avancierte sogleich zum Publikumsmagnet. Wer die abgedunkelte Tonne betrat, wurde von den von oben beleuchtenden Tieren magisch angezogen. Die ganze Länge des Raums gab den Blick frei auf ein sich stets bewegendes Farbenspiel. Darin tummelten sich mehr Arten als im ganzen Rest des Tierparks.[269] Kaum hatten sich die alten sechs Clownfische an ihre neue Umgebung angepasst, tauchten im April 2014 acht weitere Exemplare aus einer deutschen Zucht auf.

Dann geschah Merkwürdiges: Ein Clownfisch nach dem anderen verschwand spurlos. Ob sie krank waren oder gefressen wurden, konnte niemand sagen. Bei der jährlichen Inventur Ende November 2014 zählte der Tierpark nur noch sechs Exemplare. Acht Fische hatten sich in nichts aufgelöst. Im Februar 2015 kamen vier neue Ane-

Während der kleine Nemo seine Steinkoralle kaum verlässt, wagt sich der grössere Fisch, vermutlich ein Weibchen, etwas weiter hinaus.

monenfische hinzu. Das laufende Jahr über ging alles gut: Im Riff liessen sich zehn Clownfische bestaunen. Doch 2016 ergab die Inventur erneut eine Minus-fünf-, 2019 eine Minus-drei-Bilanz.

Seither leben zwei Clownfische im Berner Riff. Vermutlich sind es Exemplare, die entweder 2014, oder dann 2015 aus Deutschland ins Riff gelangten. Folglich dürften sie neun oder zehn Jahre alt sein. Theoretisch, wenn auch wenig wahrscheinlich, könnte das grössere und somit älteres Exemplar noch von 2007 stammen, als der Tierpark vier Fische aus einer privaten Zucht aus Villars-le-Grand geschenkt bekam. Allerdings würde es sich dann um eine alte Dame von stolzen 17 Jahren handeln.

MEHR PLANUNGSSICHERHEIT UND HANDLUNGSSPIELRAUM

Die Sanierung des Vivariums hatte es allen Beteiligten ungeschönt vor Augen geführt: Die historisch gewachsenen Verwaltungsstrukturen und Zuständigkeiten bei Geschäften, die den Tierpark betrafen, waren komplex, wenn nicht «verrostet», wie Schildger es nannte.[270] Vier städtische Direktionen redeten mit, ebenso die Burgergemeinde, der Tierparkverein und die Seelhofer-Stiftung. Der Tierpark benötigte effizientere Strukturen. Vor allem mit Blick auf die «Gesamtplanung 2016–2026», die das städtische Parlament schon 2012 mit einem Postulat angestossen hatte. Gegen die in der Folge ausgearbeitete Vorlage gab es keinen Widerstand. Die Stadtbehörden bevorzugten die Variante Sonderrechnung mit Spezialfinanzierung. Am 18. Mai 2014 kam das Tierparkreglement zur Abstimmung. 90,15 Prozent der Stimmberechtigten der Stadt Bern hiessen es gut. Ein demokratischer Vertrauensbeweis sondergleichen.

Nach wie vor bleibt das Dählhölzli eine Organisationseinheit der Stadtverwaltung. Neu sieht das revidierte Reglement aber vor, dass der Tierpark in Jahren mit hohen Erträgen Rückstellungen machen, in Jahren mit geringeren Einnahmen Entnahmen budgetieren kann. Das schafft Planungssicherheit und gibt ihm mehr Raum für unternehmerisches Handeln. Auch organisatorisch vereinfachen sich die Abläufe. Alle betroffenen Verwaltungsstellen und Partner sitzen in der neu zusammengesetzten Tierparkkommission. Ihr obliegt die strategische Ausrichtung und die gesamtstädtische Koordination.

Für die Zukunft hatte Schildgers Team eine bunte Palette von Projekten im Kopf: eine neue Steinbockanlage, ein städtischer Bauernhof anstelle des Kinderzoos, ein Wüstenhaus, um das Vivarium zugunsten eines Tropenhauses klimatisch zu entflechten, die Schaffung eines Eingangsareals in den Tierpark, eine Wald- respektive Zooschule mit Kinderbetreuung, eine bessere Verknüpfung von Tierpark und BärenPark.[271]

BOTSCHAFTER DER BIODIVERSITÄT

Wenn am Abend per Steuerung die Dämmerung über das Korallenriff hereinbricht, taucht sie die Meeresunterwelt in ein bläuliches Licht. Zeit zum Ruhen. Tagsüber arbeiten die Fische und Anemonen, die Schnecken und Garnelen, die Korallen und Mikroorganismen als Botschafter für den Tier-, Arten- und Naturschutz. Ihr Dasein dient der Sensibilisierung für umweltpolitische Anliegen.

Korallenriffe zählen zu den artenreichsten Lebensräumen der Erde. Obschon sie nur 0,1 bis 0,2 Prozent der Meeresfläche bedecken, lebt darin rund ein Drittel der über 12 000 bekannten Meeresfische. Hinzu kommen Korallen, Wirbellose und weitere Organismen. Mehr als 60 000 Arten sind bekannt, doch sie bilden nur einen kleinen Teil der tatsächlichen Biodiversität der Riffe ab. Deshalb werden diese auch als «Regenwälder der Meere» bezeichnet. Da sie den Küsten vorgelagert sind, schützen sie diese vor den Wellen. Gross ist ihre wirtschaftliche Bedeutung als Nahrungsquelle und Touristenattraktion.

Doch die wertvollen Ökosysteme sind schweren Belastungen ausgesetzt. Schätzungen gehen davon aus, dass bis zu zwei Drittel der Riffe gefährdet sind. Verschmutzungen setzen ihnen ebenso zu wie die Überfischung und Fangmethoden mit Schleppnetzen, die zu mechanischen Zerstörungen an den über mehrere Jahrhunderte gewachsenen Korallen führen. Eine weitere vom Mensch verursachte Bedrohung stellt der Klimawandel dar, der sich auf vielfältige Weise negativ auf die Korallenriffe auswirkt. Erhöhte Wassertemperaturen, der Anstieg des Meerwasserspiegels, das vermehrte Aufkommen heftiger Stürme und die Versauerung des Wassers setzen das Ökosystem unter Druck. Ein Sinnbild für den Dauerstress, unter dem die Riffe leiden, ist das periodische Auftreten der Korallenbleiche. Aufgrund der Erhöhung der Wassertemperaturen verlieren die symbiotisch auf der Oberfläche der Korallen lebenden Algen ihr lebenswichtiges Pigment, das Chlorophyll. In der Folge sterben sie ab. Zurück bleiben die weissen Korallenstöcke, die bei längerem Anhalten dieses Zustands selbst eingehen. Trotz solcher Einsichten lassen sich die komplexen Folgen des Klimawandels für die auf äussere Einflüsse sensibel reagierenden Riffe nur ansatzweise verstehen. Besorgniserregend ist die Tatsache, dass sie weltweit Schaden nehmen.

Genau deshalb unterstützt der Tierpark das 2020 gegründete Spin-off-Unternehmen «rrreefs» mit Sitz in Zürich, das im Umfeld der Eidgenössischen Technischen Hochschule entstanden ist. Dank innovativer, modularer Unterwasser-Riffsysteme aus natürlichem Ton will «rrreefs» bis 2033 ein Prozent der beschädigten oder zerstörten Riffe wiederbeleben.[272] Zur Erreichung des ambitionierten Ziels bauen sie nicht nur künstliche Riffe, sondern begleiten deren Entwicklung unter Wasser wissenschaftlich.

BOTSCHAFTER DER GESCHLECHTERDIVERSITÄT

Unter dem Titel «Queer – Vielfalt ist unsere Natur» zeigte das Naturhistorische Museum Bern von 2021 bis 2023 eine viel beachtete Sonderausstellung, die sich der Vielfalt der Geschlechter und der sexuellen Ausrichtungen zuwandte.[273] In Form einer Expedition spannte das Museum den Bogen von den biologischen Erkenntnissen zu den gesellschaftspolitischen Debatten. Mit der Ausstellung wagte man sich an ein kontrovers diskutiertes Thema. Während der Streit um eine gendergerechte Sprache in der Presse und der Politik mitunter Züge eines Kulturkampfs annimmt, während Forderungen der LGBTQ-Bewegung nach Gleichbehandlung manchmal auf heftige Ablehnung stossen, vertraute das Museum auf das Mittel der Aufklärung. Ein neugieriger, undogmatischer Blick ins Reich der Tiere und Pflanzen liess scheinbar Normales in einem neuen Licht erscheinen. Im Tierpark konnten die «queeren» Tiere besichtigt werden.

Für eine solche Fragestellung liefert das Korallenriff reichlich Anschauungsmaterial. Nemo und seine Freunde sichern sich ihr Überleben, indem sie den Geschlechterdualismus auf alle Seiten hin nutzen. Während die Clownfische als Zwitter der Polyandrie nachleben, machen es die Juwelen-Fahnenbarsche gerade andersrum. Erreichen die Barsche die Geschlechtsreife, sind sie weiblich. Sie leben in einem Schwarm mit einem Männchen, das den Harem anführt. Stirbt es, wandelt sich das stärkste Weibchen innerhalb von zwei bis vier Wochen in ein Männchen um. Polygynie wird dieses Paarungsverhalten genannt. Noch komplexer geht es bei den Korallengrundeln zu und her, die im Tierpark jedoch nicht zu beobachten sind. Als sesshaft lebende Fische haben sie in ihrer Umgebung wenig potenzielle Geschlechtspartnerinnen oder -partner. Wegen der Fressfeinde ist die Suche nach einem Artgenossen risikoreich. Bei Bedarf ändern sowohl die Weibchen wie auch die Männchen ihr Geschlecht.

Treffen sich zwei Korallengrundeln, ergibt das am Schluss immer ein zeugungsfähiges Paar.

MEHR RAUM FÜR VIELFALT

Im September 2021 ging Schildger in Pension. Seine Nachfolge trat Friederike von Houwald an. Die 51-jährige Tierärztin war zuletzt am Zoo Basel als Kuratorin tätig gewesen. In ihrem ersten Jahr erlebte sie Höhen und Tiefen. Kaum angekommen in Bern, musste sie das Aus für den Erweiterungsbau des BärenParks kommentieren. Wegen zu hoher Kosten von 35 bis 40 Millionen Franken wurde das von ihrem Vorgänger angestossene Projekt von der städtischen Politik gestoppt. Die Bären erhielten keine Anlage, die internationale Standards gesetzt und Nachzuchten wieder erlaubt hätte. Bei der Präsentation des Geschäftsberichts 2022 hingegen vermeldete von Houwald eine historische Bestmarke: 326 536 Gäste hatten 2022 Lust auf einen Besuch im Dählhölzli.[274] Nach Jahren der Entbehrungen im Zuge der Covid-Pandemie kehrten die Menschen trotz schwierigen geopolitischen und wirtschaftlichen Zeiten in Scharen in den Tierpark zurück. An der Medienveranstaltung warf von Houwald auch einen Blick nach vorne und stellte die neue Strategie des Tierparks vor: mehr Raum für Vielfalt.

In Zukunft will sich der Tierpark auf den lokalen und regionalen Artenschutz konzentrieren. Damit nimmt das Dählhölzli ein Anliegen auf, auf welches das Bundesamt für Umwelt in seinen Berichten schon länger hinweist.[275] Gut ein Drittel der rund 10 000 untersuchten Tierarten in der Schweiz ist gefährdet, weitere zwölf Prozent werden als potenziell gefährdet eingeschätzt. Im Kanton Bern stehen die Tiere, wie überall in der Schweiz, unter Druck. Ihre Lebensräume sind zunehmend zu fragmentiert und ermöglichen untereinander keinen Austausch. Zum Erstaunen der anwesenden Journalistinnen und Journalisten referierte von Houwald über den Hirschkäfer und die Sumpfspitzmaus – Tiere, die im Dählhölzli in keinem Gehege zu sehen sind. Das schien nicht sehr spannend zu sein, bis die Presse realisierte, dass der Käfer in der Stadt Bern schon lange ausgestorben und die Maus akut bedroht ist.

Schon 2021 hatte der Tierpark zusammen mit der Stadt und dem Naturhistorischen Museum ein Käferprojekt lanciert. Einerseits schuf das Dählhölzli in seinen Anlagen und in deren unmittelbarer Umgebung ökologisch wertvolle Lebensräume für die Käfer und andere Insekten, andererseits wurden diese Bestrebungen auf die Stadt ausgeweitet. Darüber hinaus investierte der Tierpark in die Zucht von Hirschkäfern, um sie in Bern wieder anzusiedeln. Die Bevölkerung wurde aufgefordert, sich mit eigenen Anstrengungen, durch Interventionen im Garten oder beim Ausschauhalten nach Käfern, am Artenschutz aktiv zu beteiligen. Mit diesem Vorgehen möchte der Tierpark das Verständnis für die Biodiversität fördern. Diesem Zweck dient auch der sogenannte Naturschutzfranken. Beim Kauf einer Eintrittskarte kann das Publikum freiwillig einen Franken spenden. Das Geld kommt der Finanzierung weiterer Projekte zum Erhalt einheimischer Arten und zum Schutz wichtiger Lebensräume zugute.

Während der Clownfisch für weit entfernte Weltgegenden wirbt, stehen der Käfer und die Maus für Massnahmen, die sich vor der eigenen Haustüre umsetzen lassen. Auch wenn die drei Botschafter unterschiedlicher nicht sein könnten – hier der weltläufige Nemo, da die lokalen Tiere –, ihr Engagement für den Arten- und Naturschutz vereint sie.

EIN PLÄDOYER FÜR DEN ZOO

«Über Zoos hört man fast genauso viel Unsinn wie über Gott und die Religion. Wohlmeinende, aber schlecht informierte Leute denken, Tiere in freier Wildbahn seien ‹glücklich›, weil sie ‹frei› sind.»

Yann Martel: Schiffbruch mit Tiger

Aus Anlass seines Abschieds nach beinahe 25 Jahren als Direktor des Berner Tierparks stand Bernd Schildger im Herbst 2021 dem Schweizer Radio Rede und Antwort.[276] Auf die mittlerweile standardmässige Frage, ob es noch zeitgemäss sei, gefangene Tiere auszustellen, hielt er mit der ihm eigenen Lust am Widerspruch dagegen. In einer Zeit, in der sich der Mensch immer weiter von der Natur und somit auch von den Tieren entfremde, müsste man den Zoo erfinden, wenn es ihn nicht bereits gäbe. Erst die unmittelbare Begegnung mit dem lebenden, sinnlich erfahrbaren Tier schlage eine Brücke zur Natur und sensibilisiere das Publikum für deren Schutz. Im Tiererlebnis, folgerte Schildger, sehe er die Daseinsberechtigung des Zoos.

Schildgers Argumentation bezieht sich im Kern auf eine philosophische Lebenskunst aus der Antike. Den Zoo versteht er nämlich als einen Ort der Musse. Im Tierpark entspannt sich der Mensch. Frei von Arbeit und Zwang entschleunigt er, beruhigt sich, bleibt stehen, nimmt sich Zeit. Seine Konzentration gilt den Tieren und ihren Lebensräumen, die er in Ruhe betrachtet. Musen gleich versetzen ihn die Tiere in einen geistigen Zustand erhöhter Aufnahmefähigkeit. Sie inspirieren ihn zu schöpferischer Tätigkeit. Indem er über das eigene Dasein nachdenkt, indem er sich Fragen des Arten- und des Naturschutzes zuwendet, wird er auf seinem Müssiggang zu einem besseren Menschen.

Stellvertretend für die übliche Sichtweise legte Severin Dressen, Direktor des Zoo Zürich, 2023 in der Sternstunde Philosophie des Schweizer Fernsehens dar, weshalb es nach wie vor legitim und ethisch vertretbar sei, Wildtiere in Gefangenschaft zu halten.[277] Zoos würden vier gleichwertige Aufgaben erfüllen: den Artenschutz, den Naturschutz, die Forschung und die Bildung. Bedrohte Tierarten wie etwa den roten Vari aus Madagaskar gelte es vor dem Aussterben zu bewahren. Deshalb würden sie, führte Dressen zur Veranschaulichung des Pflichtenhefts aus, den Halbaffen in der Masoala-Halle halten. Vor Ort in Madagaskar engagierten sie sich für den Schutz des Regenwalds, in dem der Vari lebt. Sie würden Forschung betreiben, um die Tiere besser zu verstehen und so besser schützen zu können. Und sie investierten in die Bildung der Menschen, damit diese verstehen und das Engagement der Zoos mittragen würden.

In Dressens Vierklang fehlt das Tiererlebnis, auf das Schildger so sehr Wert legt. Vom Publikum ist bei Dressen kaum die Rede. Den Besucherinnen und Besuchern weist er die passive Rolle des Informationsempfängers zu. Dass sich Schildger an einer solch paternalistischen Haltung reibt, erstaunt wenig. Nichtsdestotrotz unterstützt auch er aus voller Überzeugung die vier Aufgaben, weil sie den Tierpark besser und moralisch glaubhafter machen würden.[278]

UNTERSCHIEDLICHE PERSPEKTIVEN AUF DAS TIERWOHL

Wenn es in den Debatten rund um die Rechtfertigung von Zoos hart auf hart geht, kommt das Tierwohl ins Spiel. Meist werden zwei Einwände vorgebracht. Erstens würden Zootiere nicht frei leben, sondern in Gefangenschaft. Deshalb verkörperten sie zweitens eine gestresste und degenerierte Form von Tierleben. Mit ihren Artgenossen in der Wildnis hätten sie nicht mehr viel gemein. «Freiheit» ist ein zutiefst menschliches Konzept, das hier auf die Tiere projiziert und der Zootierhaltung entgegengesetzt wird. Von diesem Standpunkt aus betrachtet ist Gefangenschaft verwerflich und mit nichts zu rechtfertigen. Gefangenschaft, so die implizite Schlussfolgerung, führe zu Leiden und zur Degeneration – ungeachtet der Vorkehrungen, die für das Tierwohl getroffen werden. Stimmt das?

Ob Tiere eine Vorstellung von oder ein Gefühl für Freiheit haben, muss offenbleiben, auch wenn Zweifel angebracht sind. Hingegen haben sie ein Bedürfnis nach Sicherheit. Deshalb sollen Zootiere nicht unter Dauerstress stehen, nicht leiden, keine Schmerzen haben, nicht krank sein und weder hungern noch dursten. Zuzustimmen ist der Forderung, wonach es nicht genügt, einzig diese Grundbedürfnisse abzudecken. Das Tierwohl hängt wesentlich davon ab, ob die Tiere eine möglichst breite Palette ihres Verhaltensrepertoires ausleben können oder nicht. Daher benötigen sie abwechslungsreiche Anlagen, eine sie anregende und fordernde Haltung und artgerechte Sozialverbände. An den vorgefundenen Lebensraum passen sich die Zootiere an, so wie sie es in freier Wildbahn auch tun würden. Dabei greifen sie auf die in ihnen angelegten Fähigkeiten zurück. Bestimmte Anpassungsleistungen werden trainiert und weiterentwickelt, andere liegen brach. Längerfristig führt dies zu evolutionären Veränderungen, aber nicht zwingend in die Degeneration, wie Wiederansiedlungsprojekte mit Zootieren belegen.

Das Tierwohl gilt für jedes einzelne Exemplar in einem Zoo, egal, ob es klein oder gross, heimisch oder exotisch ist. Ganz im

Gegensatz zur Wildnis: «Extreme Stressreaktionen, Verletzungen und Krankheiten sind nicht die Ausnahme im natürlichen Habitat der Tiere, sondern kommen dort regelmässig vor.»[279] Um der Fortpflanzung und letztlich um den Erhalt der eigenen Art willen investieren Tiere alles, selbst wenn ihr Verhalten zu Schmerzen, Leiden, Schäden, Angst oder gar zum Tod führt. Lauter Tatbestände, die nach dem Schweizer Tierschutzgesetz dem Tierwohl zuwiderlaufen.[280] Hinter der Vorstellung, dass Wildtiere nur in freier Natur gesund und ihrer Art entsprechend leben können, verbirgt sich ein romantisierendes Bild von der Natur, das an der Realität vorbeigedacht ist. Die natürlichen Lebensbedingungen sind für Tiere immer wieder hart und rücksichtslos. Die Biologie kümmert sich nicht um menschliche Idealvorstellungen. Zudem widerspricht die Idee eines stressfreien Lebens in der Wildnis völlig dem Bedarf der Tiere.[281]

ZOO SCHLIESSEN ODER DAZU SORGE TRAGEN?

Worin soll der Gewinn bestehen, wenn der Tierpark geschlossen würde? Die Stadt Bern beispielsweise würde eine Kulturinstitution verlieren, die tagtäglich Erlebnisse ermöglicht, Geschichten schreibt und Erinnerungen wachhält. Die Wissen über Tiere vermittelt. Die forscht. Die Menschen dazu anregt, der Natur Sorge zu tragen. Es gäbe viel zu verlieren und nichts zu gewinnen. Es ist sinnfrei, eine demokratisch legitimierte Kulturinstitution zu schliessen, mit der sich eine grosse Mehrheit der Bevölkerung identifiziert und die sie für ihr Dasein als notwendig erachtet. Warum sonst strömten die Bernerinnen und Berner nach zwei Jahren Pandemie in den Tierpark, sodass dieser für 2022 einen historischen Besucherrekord vermeldete? Der Wert und die Bedeutung dieser Tatsachen können nicht einfach unterschlagen werden. Ob es den Zoo braucht oder nicht, ist die falsche Frage.

Beizupflichten ist der Kritik, wenn sie die Zoos an ihren eigenen hohen Ansprüchen misst und auf Missstände hinweist. Solange die Ausstattung einer Anlage und die Haltungsbedingungen die physische und psychische Gesundheit der Tiere nicht gewährleisten, besteht dringender Handlungsbedarf. Dreh- und Angelpunkt ist die Anlage. Sie schafft erst die Voraussetzungen für eine artgerechte Lebensweise. Was artgerecht im konkreten Einzelfall meint, lässt sich nur mit Rückgriff auf die wissenschaftliche Forschung und auf tiergartenbiologische Erfahrungen bestimmen. Ein Tierpark muss dieses Wissen und Können sicherstellen. Dasselbe gilt für die Kritik. Über stereotype Bewegungsmuster, wie sie Tiger Igor auf den Boden seines Geheges gezeichnet hat, oder über eine Fehlplatzierung, unter der die Dornschwanzagamen gelitten haben, darf der Zoo nicht hinweggehen, erst recht nicht, wenn er dafür, zu Recht, von aussen angeprangert wird.

Das Wohlergehen der Zootiere, da sind sich alle einig, ist das höchste Gut. An diesem Kriterium muss sich ein Zoo messen lassen. Lässt sich das Tierwohl objektivieren? Erste Hinweise, ob es den Tieren gut geht oder nicht, liefert deren Sozialverhalten. Wer fein beobachtet, erkennt Abweichungen in der täglichen Routine. Zweitens lässt sich deren Gesundheitszustand medizinisch überprüfen. Drittens sagen physiologische Parameter, etwa die Konzentration von Stresshormonen oder die Herzschlagfrequenzen, viel über den Belastungsgrad eines Tieres aus.[282] Ob Tiere leiden oder nicht, ist keine Frage des ideologischen Standpunkts. Darüber lassen sich sehr wohl evidenzbasierte Aussagen machen.

Pauschale Urteile über den Sinn und Unsinn von Zoos helfen wenig. Hingegen tragen Kompetenz und die Bereitschaft, sich auf zoologische und gesellschaftliche Argumentationen einzulassen, zu mehrheitsfähigen Lösungen bei. Dabei spielen Finanzen eine zentrale Rolle. Vernünftige Anlagen kosten Geld. Umsonst ist das Tierwohl nicht zu haben. Stillstand, weil gespart werden muss, bedeutet für einen Zoo, dass er den wissenschaftlichen Erkenntnissen immer weiter hinterherhinkt, dass seine Anlagen veralten, dass sich die Probleme mit den Tieren häufen. Ein Zoo muss sich laufend fortentwickeln können, und zwar in allen vier Aufgabenbereichen. Nicht nur den Tieren gilt es Sorge zu tragen, sondern auch der Kulturinstitution und den darin arbeitenden Menschen. Das kostet.

Für den Unterhalt und die Fortentwicklung des Dählhölzli werfen die Stadt, aber auch Dritte wie der Tierparkverein oder die Seelhofer-Stiftung seit bald neunzig Jahren viel Geld auf. Nicht jeder Franken war ein gut investierter Franken, doch unter dem Strich lohnten sich die Subventionen und Sponsorenbeiträge. Die Haltungsbedingungen konnten kontinuierlich verbessert werden, ebenso die Ausstattung der Anlagen. Heute besitzt Bern einen wissenschaftlich geführten Tierpark von hoher Qualität. Davon zeugt das

Wohlbefinden der über 3400 im Tierpark lebenden Tiere. Vor dem Hintergrund dieser Geschichte kann niemand behaupten, die engagierte Pflege und die mitunter heftigen Auseinandersetzungen seien nicht der Mühe wert gewesen.

ANHANG

1 Meyer-Holzapfel: Tiere, meine täglichen Gefährten, 1966; dies.: Tierpark – kleine Heimat, 1968.
2 Hediger: Peterli, 1942; ders.: Wildtiere in Gefangenschaft, 1942, S. 175f.
3 Hediger: Ein Leben mit Tieren, 1990.
4 Sägesser: Des Berners Zoo, 1974; Schildger: Mensch, Tier! 2019.
5 Sommer: Es Läbe für ds Dählhölzli, 2009.
6 Empfehlenswert: Baratay, Hardouin-Fugier: Zoo, 2000.
7 Bentz: Mehr Platz für weniger Tiere! 2016.
8 NZZ, 26.10.2022.
9 Darauf verweist Heini Hediger in seinen tiergartenbiologischen Schriften immer wieder. Beispielsweise Hediger: Mensch und Tier im Zoo, 1965, S. 52.
10 Hediger: Wildtiere in Gefangenschaft, 1942, S. 176.
11 Ebd., S. 187.
12 Hediger: Zoologische Gärten, 1977, S. 43.
13 Schildger: Mensch, Tier! 2019, S. 123f.
14 Meyer-Holzapfel: Breeding the European Wild Cat (Felis s. silvestrsi) at Berne Zoo, 1968, S. 31–38.
15 Die vier Ziele definierte nicht Heini Hediger, wie oft fälschlicherweise behauptet wird, sondern die New Yorker Zoological Society. Siehe dazu Schmidt: Entstehung und Bedeutung der Tiergartenbiologie, 2001, S. 119.
16 Tierpark Bern: Geschäftsbericht 2022, Link: https://tierpark-bern.ch/web/app/uploads/2023/06/Tierpark_Bern_Geschaeftsbericht_2022.pdf (17.4.2024).
17 Bühnen Bern: Geschäftsbericht 2022/23, Link: https://buehnenbern.ch/site/assets/files/6994/buehnenbern_gb_23_rz_low.pdf (25.4.2024).
18 Siehe Jahresmedienmitteilung vom 9.1.2024, Link: https://www.nmbe.ch/de/museum/aktuelles/zwei-neue-sammlungsausstellungen-nach-dem-rekordjahr (30.4.2024).
19 Baudirektion II der Stadt Bern (Hg.): Tierpark Dählhölzli Bern, 1937, S. 3.
20 Ebd., S. 36.
21 Statistisches Amt der Stadt Bern (Hg.): Jahrbuch 1937/1938, 1938, S. 103.
22 Baudirektion II der Stadt Bern (Hg.): Tierpark Dählhölzli Bern, 1937, S. 36.
23 Die nachfolgenden Ausführungen beruhen auf Bentz:

24 Mehr Platz für weniger Tiere! 2016.
SAB_SR_1_48, Protokolle und Berichte des Stadtrats, 1935, Teil 1, S. 161f.
25 Das Verzeichnis der für den Tierpark Dählhölzli zu beschaffenden Tiere und der ungefähren Ankaufspreise legte der Vorstand des Natur- und Tierparkvereins am 20. November 1936 vor. Bentz: Mehr Platz für weniger Tiere! 2016, S. 34f.
26 Der Bund, 1.1.1937.
27 Bentz: Mehr Platz für weniger Tiere! 2016, S. 213.
28 Die Zwischenfälle und gegenseitigen Anschuldigungen sind gut dokumentiert. Siehe dazu das Dossier 146, 2, V, Va im Bestand SAB_GR_5_2.
29 SAB_GR_5_2, Registernummer 146 = Tierpark, Dossier 146, 2, V, Va, Sitzungsprotokoll vom 21.4.1938.
30 Hediger: Ein Leben mit Tieren im Zoo und in aller Welt, 1990, S. 140.
31 Diese Anekdote ist einer 55-seitigen Beschwerdeschrift entnommen, die Heini Hediger am 12. Dezember 1939 beim Stadtpräsidenten Ernst Bärtschi zuhanden des Gemeinderats einreichte. SAB_GR_5_2, Dossier 146_2_VII_1.
32 Der Bund, Morgenausgabe, 29.12.1938.
33 Der Bund, 3.11.1938.
34 Der Bund, Morgenausgabe, 29.12.1938.
35 Hediger: Ein Leben mit Tieren, 1990, S. 141.
36 Hediger: Tierpark Dählhölzli, Bern, 1940, S. 291–299.
37 Hediger: Ein Leben mit Tieren, 1990, S. 145.
38 Leider sind diese wertvollen Dokumente verschwunden. Vermutlich nahm Hediger die Tagebücher mit nach Basel, als er dort 1944 die Leitung des Zoos übernahm. Vielleicht verbrannten sie aber auch zusammen mit anderen Unterlagen 1972 im Büro des Vivariums, als dort Einbrecher zur Verwischung ihrer Spuren Feuer legten.
39 Der Bund, 14.3.1939.
40 Hediger: Peterli, 1942, S. 55–57.
41 Heini Hedigers Skizzen befinden sich in: SAB_1264_2, Korrespondenz, 1939.
42 SAB_1264_2, Brief von Fritz Bürki an Herrn Dr. Hediger vom 3.10.1939.
43 Hediger: Ein Leben mit Tieren, 1990, S. 153f.
44 Ebd., S. 156.
45 SAB_1264_2, Polizeikom-

missar Gygax, Sicherheits- und Kriminalpolizei der Stadt Bern, an Heini Hediger, Verwalter des Tierparks Dählhölzli, 5.7.1939.
46 Hediger: Ein Leben mit Tieren, 1990, S. 141.
47 Ebd.
48 Die Dossiers zum Tierpark im Berner Stadtarchiv sind prall gefüllt und bieten Einblick in eine unglaubliche Fülle von Zwischenfällen, Beanstandungen und Beschwerden: SAB_GR_5_2, Registernummer 146 = Tierpark, Dossier 146_2_VII w.
49 SAB_GR_5_2, Registernummer 146 = Tierpark, Dossier 146_2_VII w, Bericht der Baudirektion II an den Gemeinderat vom 30.6.1940.
50 Ebd., S. 34 und S. 45.
51 SAB_GR_5_2, Registernummer 146 = Tierpark, Dossier 146_2_VII u-v + x.
52 SAB_GR_5_2, Registernummer 146 = Tierpark, Dossier 146_2_VII w. Der ganze Absatz beruht auf diesem Dossier.
53 Hediger: Tierpark Dählhölzli, Bern, 1940, S. 297.
54 Darüber schreibt Heini Hediger in mehreren Publikationen. Siehe beispielsweise Hediger: Wildtiere in Gefangenschaft, 1942, S. 180f.
55 In diesem Sinne äusserte sich Heini Hediger in einem Brief vom 16. Dezember 1941 an die Redaktion der Zeitschrift Tierfreund (SAB_1264_2).
56 Der Bund, 10.12.1941.
57 Der Bund, 5.3.1942.
58 Die Tat, 24.4.1942.
59 Hediger: Wildtiere in Gefangenschaft, 1942, S. 180f.
60 Ebd., S. 175f.
61 Hediger: Jagdzoologie – auch für Nichtjäger, 1951. Hedigers Texte beruhen auf Radiobeiträgen zum heimischen Wild.
62 Hediger: Fischotter und Bundesräte, 1953, S. 28.
63 Bundesgesetz betreffend die Fischerei vom 21. Dezember 1888.
64 Hediger: Fischotter und Bundesräte, 1953, S. 24–29.
65 Ebd., S. 27.
66 1985 gelang erstmals in der Schweiz die Nachzucht von Fischottern, als am 5. September zwei Jungtiere im Dählhölzli zur Welt kamen. Aus diesem Grund führte der Tierpark einige Jahre lang das internationale Zuchtbuch für Fischotter.
67 Der von Monika Meyer-Holzapfel verfasste und mit einem Foto von Walter

Nydegger versehene Artikel erschien am 14.8.1960 im «Bund».

68 Über Célines Verhalten berichtet Monika Meyer-Holzapfel in: Meyer-Holzapfel: Tiere, meine täglichen Gefährten, 1966, S. 65–71.

69 Giger, Walter Nydegger (1912–1986), 2020, S. 13–15.

70 Hediger: Ein Leben mit Tieren, 1990, S. 163.

71 SAB_GR_5_3, Dossier 146_1-3, Fritz Baltzer an Ernst Bärtschi, Stadtpräsident, und Ernst Reinhard, Baudirektor, vom 6.1.1944.

72 Der Bund, 16.12.1969; Hediger: Ein Leben mit Tieren, 1990, S. 163f.

73 Monika Meyer-Holzapfel, 1943–1969, in: Tierparkverein Dählhölzli (Hg.): 50 Jahre Tierparkverein, 1980 (nicht paginiert). Das Antrittsjahr 1943 ist falsch, korrekt ist 1944.

74 Nach ihrer Pensionierung veröffentlichte sie zwei Gedichtbände. Meyer-Holzapfel: Welt der Maler, Maler der Welt, 1974; dies.: Blick nach aussen, Blick nach innen, 1978.

75 Meyer-Holzapfel: Die Entstehung einiger Bewegungsstereotypien bei gehaltenen Säugern und Vögeln, 1939.

76 Meyer-Holzapfel: Analyse des Sperrens und Pickens in der Entwicklung des Stars, 1939.

77 In ihrem Nachlass befindet sich ein weiterer Anstellungsvertrag zur definitiven Wahl zur Verwalterin vom 1.5.1945 und einer von 1949 zur Wiederwahl. BBB N Monika Meyer, Schachtel 65.

78 BBB, N Monika Meyer, Nr. 65.

79 Statistisches Amt der Stadt Bern (Hg.): Jahrbuch 1943/1944, 1944, S. 78.

80 SAB_GR_5_2, Registernummer 146 = Tierpark, Dossier 146_2_VIII a-l.

81 Tierparkverein Dählhölzli (Hg.): 50 Jahre Tierparkverein, 1980. Leider verbrannten 1972 die Tierfichen, als nach einem Einbruch ins Vivarium im Büro- und Kassenraum Feuer gelegt wurde.

82 Meyer-Holzapfel: Unser Tierpark Dählhölzli, 1948.

83 Statistisches Amt der Stadt Bern (Hg.): Jahrbuch 1946/1947, S. 55.

84 Meyer-Holzapfel: Unser Tierpark Dählhölzli, 1948.

85 StABE FN Nydegger, Tierpark (Serie 1943–1976), Pressebilderalbum 9842, undatierter Zeitungsartikel «Das ist ja... Monika Meyer-Holzapfel».

86 Der Bund, 5.1.1947.
87 Elisabeth Joris: «Frauenbewegung», in: Historisches Lexikon der Schweiz (HLS), Version vom 6.12.2022, Link: https://hls-dhs-dss.ch/de/articles/016497/2022-12-06/ (7.5.2023).
88 Meyer-Holzapfel: Tiere, meine täglichen Gefährten, 1966, S. 65–71; Sommer: Es Läbe für ds Dählhölzli, 2009, S. 21.
89 Meyer-Holzapfel: Tierpark – kleine Heimat, 1968, S. 49.
90 Im Nachlass von Monika Meyer-Holzapfel befindet sich ein ganzes Dossier zu den Diskussionen um die Wiederansiedlung von Bären. BBB N Monika Meyer, Nr. 105 (Wiederaussetzung in der Schweiz ausgestorbener Tiere).
91 Meyer-Holzapfel: Tiere, meine täglichen Gefährten. Der Hinweis auf Ambros Halbritter aus Tulln an der Donau findet sich im Agendaeintrag Meyer-Holzapfels vom 30.10.1958, SAB_1264_8.
92 Der Bund, 9.11.1958.
93 Dieser Notizzettel vom 1.7.1959 findet sich neben anderen Führungsunterlagen zu den Wildkatzen in BBB N Monika Meyer, Nr. 68 (Führungen im Tierpark, 1944–1970).
94 BBB N Monika Meyer, Nr. 68 (Führungen im Tierpark, 1944–1970), Notizzettel der Führungen vom 2.6.1961 und 4.7.1963.
95 Hediger: Jagdzoologie – auch für Nichtjäger, 1951, S. 175–190.
96 SAB_1264_8, Agendaeintrag vom 9.3.1961. Der Bund, 9.11.1958.
97 Die nachfolgenden Angaben zu den Wildkatzen in der Schweiz sind der Webseite der Stiftung Kora, Raubtierökologie und Wildtiermanagement, entnommen, welche die Lebensweise von Luchs, Wolf, Bär, Wildkatze und Goldschakal erforscht und die Entwicklung ihrer Populationen überwacht. www.kora.ch (18.4.2024).
98 Stadt Bern (Hg.): Verwaltungsbericht der Stadt Bern für das Jahr 1961, 1962, S. 276f.
99 SAB_1264_2, Monika Meyer-Holzapfel an den Zoo Bratislava, 17.1.1961.
100 SAB_1264_8, Agendaeintrag vom 4.8.1964 und vom 2.2.1965.
101 Das entsprechende Manuskript befindet sich in BBB N Monika Meyer, Nr. 70

(Interviews und Sendungen für Fernsehen und Radio). Der Schweizer Schulfunk fasste 1971 vier Beiträge, darunter jener zu den Wildkatzen, zum Leseheft «Bedrohte Tierwelt. Retten statt ausrotten!» zusammen.
102 Zollinger: Die Wildkatze in der Schweiz ausgestorben? 1959, S. 130–136.
103 Hediger: Jagdzoologie – auch für Nichtjäger, 1951, S. 175–190.
104 Herren: Die Wildkatze, 1964, S. 69f.; Zollinger: Die Wildkatze in der Schweiz, 1970.
105 Sommer: Es Läbe für ds Dählhölzli, 2009, S. 21.
106 Pro Natura und die Stiftung Kora informieren auf ihren jeweiligen Webseiten ausführlich über die Rückkehr der Wildkatzen. www.pronatura.ch und www.kora.ch (18.4.2024).
107 Nussberger, Beatrice; Roth, Tobias: Wildkatzenmonitoring Schweiz. Verbreitung, Dichte und Hybridisierung der Wildkatze in der Schweiz. Ergebnisse der zweiten Erhebung 2018/20, 30. November 2021, S. 27, Link: https://www.wildtier.ch/fileadmin/wildtier/docs/de/Wildkatzenmonitoring/BerichtWKM2018-20_v4.pdf (18.4.2024).
108 www.kora.ch (18.4.2024).
109 Meyer-Holzapfel: Breeding the European Wild Cat (Felis s. silvestris) at Berne Zoo, 1968, S. 31–38.
110 Hediger: Jagdzoologie – auch für Nichtjäger, 1951, S. 175–190; Zollinger: Die Wildkatze in der Schweiz ausgestorben? 1959, S. 131.
111 Der Bund, Morgenausgabe, 26.7.1961.
112 Siehe dazu Ruedi Brassel-Moser: Konsumverhalten, in: Historisches Lexikon der Schweiz (HLS), Version vom 30.10.2008, Link: https://hls-dhs-dss.ch/de/articles/016219/2008-10-30/ (16.1.2023).
113 Lang: Mit Tieren unterwegs, 1994.
114 Der Bund, 5.12.1960.
115 Der Bund, 3.11.1961 und 6.11.1961.
116 W. Rothfuss: Der Vogelhandel, in: Der Kanarienfreund. Offizielles Organ des Schweizerischen Kanarien-Züchter-Verbandes, Nr. 7, Jg. 11, November 1961.
117 Gefiederter Freund. Offizielles Organ der Exotis, Nr. 11, Jg. 7, 1960.
118 Der Bund, 1.12.1958.
119 Diese Anekdote veröffentlichte Monika Meyer-Holzapfel zuerst im «Bund» vom 6.9.1959, später in ihren

Tierparkgeschichten: Tiere, meine täglichen Gefährten, 1966, S. 152–155.
120 SAB_1264_8, Agendaeintrag vom 3.7.1961.
121 Meyer-Holzapfel: Tiere, meine täglichen Gefährten, 1966, S. 94–100.
122 Beil: Der Zoo Karlsruhe, 2015, S. 71.
123 Hediger: Wildtiere in Gefangenschaft, 1942, S. 66–75.
124 SAB_1264_8, Agendaeintrag vom 2.8.1961.
125 SAB_1264_8, Agendaeintrag vom 16.10.1961.
126 SAB_1264_8, Agendaeintrag vom 19.12.1961.
127 Ebd.
128 SAB_1264_8, Agendaeintrag vom 30.12.1965.
129 SAB_1264_8, Agendaeintrag vom 24.12.1961.
130 Meyer-Holzapfel: Tiere, meine täglichen Gefährten, 1966, S. 100.
131 Burkhardt: Der Zoologische Garten Basel, 2021, S. 111.
132 Arndt: Erleben Sie Tiere! 2016, S. 76.
133 Meyer-Holzapfel: Die Geburt der Ethologie, 1976. Die nachfolgenden Bemerkungen beziehen sich auf diesen Aufsatz.
134 Ebd., S. 29.
135 Meyer-Holzapfel: Tiere, meine täglichen Gefährten, 1966, S. 8.
136 Bentz: Mehr Platz für weniger Tiere! 2016, S. 60.
137 Wiedenmayer: Raum-Zeit-Verhältnis des Sibirtigers, Panthera tigris altaica (Temminck 1845), in Gefangenschaft, 1987. Die wichtigsten Ergebnisse der Studie fasste Wiedenmayer zusammen mit Hannes Sägesser, der die Arbeit betreute, in einem Aufsatz zusammen: Wiedenmayer; Sägesser: Das Raum-Zeit-System des Sibirtigers, Panthera tigris altaica (Temminck 1845), im Berner Tierpark Dählhölzli, 1988, S. 31–39.
138 Hediger: Wildtiere in Gefangenschaft, 1942, S. 15–35.
139 Davon berichtet Jürg Hadorn im Gespräch vom 12.7.2023. Er hat als junger Pfleger die Tigerhaltung im Dählhölzli noch erlebt.
140 Stadt Bern (Hg.): Verwaltungsberichte der Stadt Bern, 1944, 1969.
141 Bentz: Mehr Platz für weniger Tiere! 2016, S. 67–78.
142 Sommer: Es Läbe für ds Dählhölzli, 2009, S. 31f.
143 Stadt Bern (Hg.): Verwaltungsbericht der Stadt Bern, 1972, S. 334.
144 Ebd., 1975, S. 297–300.
145 Archiv Tierparkverein, Bundesordner «TPV Protokolle 1966–1984», Bulletin Nr. 3

146 zuhanden des Tierparkvereins und verfasst von Hannes Sägesser, April 1975.
146 Giese: 100 Jahre Dr. Karl Birkmann, 2014, S. 12.
147 Sommer: Es Läbe für ds Dählhölzli, 2009, S. 33f.
148 NZZ, Mittagausgabe, 18.10.1973, S. 19.
149 SAB_1264_9, 149. Vierteljahresbericht, Juli–September 1975.
150 Die folgenden Aussagen zu Transport und Ankunft im Tierpark Dählhölzli beruhen auf dem Artikel «Zu einem Freundschaftspreis erworben», in: Der Bund, 10.8.1975, S. 13.
151 Der Bund, 10.8.1975, S. 13.
152 Peter Müller hat mir die Angaben zu Igor und den Berner Tigern dankenswerterweise zukommen lassen. Darüber hinaus klärte er mich über die Gepflogenheiten der damaligen Tigerzucht in den europäischen Zoos auf.
153 Die nachfolgenden Erläuterungen basieren alle auf dem internationalen Zuchtbuch der Tiger (Zoo Leipzig).
154 Mailverkehr mit Peter Müller, 24.3.2022.
155 Das Personalblatt der Sibirischen Tiger befindet sich im Archiv des Tierparks Dählhölzli.
156 Mailverkehr mit Peter Müller, 13.9.2022.
157 Sliwa: Der Sibirische Tiger im Zoo, 2014, S. 5–11.
158 Die nachfolgenden Beschreibungen des Geheges gehen auf Christoph Wiedenmayers Beobachtungsstudie «Raum-Zeit-System des Sibirtigers, Panthera tigris altaica (Temminck 1845) in Gefangenschaft» zurück (1987).
159 Dies geht aus Christoph Wiedenmayers Beobachtungsstudie hervor, in welcher er die Berner Verhältnisse mit Zürich und Leipzig verglich.
160 Wiedenmayer: Raum-Zeit-System des Sibirtigers, Panthera tigris altaica (Temminck 1845) in Gefangenschaft, 1987.
161 Hediger: Wildtiere in Gefangenschaft, 1942, S. 145ff.
162 SAB_1264_8, Agendaeintrag vom 5.4.1976.
163 Diese Ansicht vertrat Heini Hediger in «Wildtiere in Gefangenschaft» von 1942. Auch Fred Sommer weist in seinen Erinnerungen «Es Läbe für ds Dählhölzli» von 2009 auf diesen Zusammenhang hin.

164 Der Erfahrung nach führt gemäss Alexander Sliwa durchschnittlich nur jede zweite Zuchtempfehlung, also Verpaarung von für die Zucht ausgewählten Tieren, zu einem Wurf. Sliwa: Der Sibirische Tiger im Zoo, 2014, S. 5–11.
165 SAB_1264_8, Agendaeintrag vom 25.8.1976.
166 Mailverkehr mit Peter Müller, 13.9.2022.
167 Der Bund, 14.7.1977, S. 11.
168 Mailverkehr mit Peter Müller, 13.9.2022.
169 Nogge: Zoo und die Erhaltung bedrohter Arten, 2001, S. 183–188.
170 Die nachfolgenden Ausführungen basieren auf Schweizer: AJZ subito? 2004, S. 32.
171 SAB_1264_8, Agendaeintrag vom 20.6.1980.
172 SAB_1264_8, Agendaeintrag vom 24.6.1980.
173 Stadt Bern, Protokolle der Sitzungen des Stadtrates und der Gemeindeabstimmungen, 1980, S. 682. Zitiert nach Schweizer: AJZ subito? 2004.
174 SAB_1264_8, Agendaeinträge vom 21.7.1980 und 10.9.1980.
175 SAB_1264_8, Agendaeintrag vom 2.2.1981.
176 Der Begriff «Animal Liberation» geht auf den Philosophen Peter Singer zurück, dessen gleichnamiges Buch 1975 zur «Bibel» der Tierrechtsbewegung wurde.
177 SAB_1264_8, Agendaeinträge vom 7.2.1981 und 9.2.1981.
178 SAB_1264_9, 171. Vierteljahresbericht des Tierparks Dählhölzli, Januar–März 1981.
179 SAB_1264_8, Agendaeintrag vom 1.1.1982; SAB_1264_9, 174. Vierteljahresbericht des Tierparks Dählhölzli, Oktober–Dezember 1981.
180 SAB_1264_9, 173. Vierteljahresbericht des Tierparks Dählhölzli, Juli–September 1981. So ärgerte sich Sägesser darüber, dass die nun bald fünfzigjährigen Stahlgitter, welche in der Fachwelt Bewunderung hervorriefen, irreparabel zerstört wurden und fortan hässliche Flickstellen aufwiesen.
181 SAB_1264_9, 175. Vierteljahresbericht des Tierparks Dählhölzli, Januar–März 1982.
182 SAB_1264_8, Agendaeintrag vom 22.10.1982.
183 Beispielhaft dafür: Der Bund, 14.4.1982, S. 21.
184 Ebd.

185 SAB_1264_8, Agendaeinträge vom 11.4.–13.4.1982.
186 SAB_1264_9, 176. Vierteljahresbericht des Tierparks Dählhölzli, April–Juni 1982.
187 SAB_1264_9, 178. Vierteljahresbericht des Tierparks Dählhölzli, Oktober–Dezember 1982.
188 Hediger: Zoologische Gärten, 1977, S. 32.
189 SAB_1264_8, Agendaeintrag vom 12.11.1984.
190 Den Hinweis verdanke ich Ueli Stauffacher.
191 Tierpark Dählhölzli, Bern (Hg.): Tätigkeitsbericht des Tierparks Dählhölzli, 1982.
192 SAB_1264_8, Agendaeintrag vom 4.8.1983.
193 Das Muséum d'histoire naturelle hat mir dankenswerterweise eine Kopie des entsprechenden Datenbankeintrags zu Nadja zukommen lassen.
194 SAB_1264_9, 181. Vierteljahresbericht des Tierparks Dählhölzli, Juli–September 1983.
195 Berner Zeitung, 27.8.1986.
196 Sägesser; Robin: Das Dählhölzli im Spiegel seiner Tiere, 1987.
197 Bentz: Mehr Platz für weniger Tiere! 2016, S. 89.
198 Der Sektionsbericht von Igor liegt im Bestand SAB_1264, Sektionsbericht – Säugetiere 1961–1979. Beim Pathologen Max Müller handelt es sich um den späteren Tierparkdirektor.
199 Die in Flüssigkeit konservierten Tiere sind in der Ausstellung «Wunderkammer» des Naturhistorischen Museums zu entdecken.
200 Sägesser, Robin: Das Dählhölzli im Spiegel seiner Tiere, 1987, S. 36–38; Wiesner: Vom Ochsen, der gar keiner ist, 1993, S. 16–18; Schmidt, Stelvig: Muskox Ovibos moschatus (Zimmermann, 1780), 2022, S. 318.
201 Der Bund, 13.1.1981.
202 Weibel, Andrea: Freizeit, in: Historisches Lexikon der Schweiz (HLS), Version vom 17.2.2015, Link: https://hls-dhs-dss.ch/de/articles/016319/2015-02-17/ (20.12.2022).
203 Höpflinger, François: Lebensstandard, in: Historisches Lexikon der Schweiz (HLS), Version vom 19.2.2015, Link: https://hls-dhs-dss.ch/de/articles/015994/2015-02-19/ (20.12.2022).
204 Stampfli: Ein neuer Moschusochsenfund aus dem Kanton Bern, 1963–1965, S. 222–228.
205 Siehe bspw. Der Bund, 21.7.1977; Archiv Tierpark-

verein, Bundesordner «TPV Protokolle 1966–1984», Bulletin, Nr. 5, Frühling 1976, S. 3.
206 Oliver, Greg: Remembering Al Oeming's days as a wrestler and promoter, Blogeintrag vom 16.4.2016, Link: https://slamwrestling.net/index.php/2014/04/16/remembering-al-oemings-days-as-a-wrestler-and-promoter/ (7.12.2022).
207 Al Oeming: A Herd of Musk-Oxen, Ovibos moschatus, in Captivity, in: International Zoo Yearbook, 1965, S. 58–65.
208 Archiv Tierparkverein, Bundesordner «TPV Protokolle 1966–1984», Jahresbericht 1976, Jahresrechnung 1976 und Bulletin Nr. 5 des Tierparkvereins. Das Zitat ist dem von Hannes Sägesser verfassten Bulletin, Nr. 5, Frühling 1976, S. 3 entnommen.
209 Archiv Tierparkverein, Bundesordner «TPV Protokolle 1966–1984», Jahresbericht von 1976 des Tierparkvereins.
210 Wydler, Henry: Luftfahrt, in: Historisches Lexikon der Schweiz (HLS), Version vom 23.1.2018, Link: https://hls-dhs-dss.ch/de/articles/026302/2018-01-23/ (25.7.2023); Fehr, Sandro: Swissair, in: Historisches Lexikon der Schweiz (HLS), Version vom 26.7.2012, Link: https://hls-dhs-dss.ch/de/articles/041830/2012-07-26/ (25.7.2023).
211 SAB_1264_9, 151. Vierteljahresbericht des Tierparks Dählhölzli, Januar–März 1976.
212 Archiv Tierparkverein, Bundesordner «TPV Protokolle 1966–1984», Bulletin Nr. 5 des Tierparkvereins, 1976.
213 So argumentieren Eric Baratay und Elisabeth Hardouin-Fugier in ihrem Standardwerk «Zoo. Von der Menagerie zum Tierpark», 2000, S. 200–213.
214 Bentz: Mehr Platz für weniger Tiere! 2016, S. 86.
215 SAB_1264_9, 154. Vierteljahresbericht des Tierparks Dählhölzli, Oktober–Dezember 1979.
216 Der Bund, 15.6.1977, S. 15.
217 Die Inhalte dieses Kapitels fussen auf den Agendaeinträgen von Hannes Sägesser zwischen dem 10.2.1976 und dem 24.12.1976 (SAB_1264_8). Zu den Todesursachen der Moschuskuh siehe auch SAB_1264_9, 154. Vierteljahresbericht des Tierparks

Dählhölzli, Oktober–Dezember 1976.
218 SAB_1264_8, Agendaeintrag vom 10.2.1976.
219 Die folgenden Überlegungen verdanke ich Kemal Mehinagic.
220 SAB_1264_8, Agendaeintrag vom 14.6.1977.
221 SAB_1264_9, 161. Vierteljahresbericht des Tierparks Dählhölzli, Juli–September 1978.
222 SAB_1264_8, Agendaeintrag vom 7.8.1977.
223 Davon berichtet Hannes Sägesser in der Kolumne «Berner Alltag»: Der Bund, 4.7.1981. Siehe auch SAB_1264_8, Agendaeintrag vom 4.9.1979.
224 Der Bund, 13.1.1981.
225 Der Bund, 14.4.1982.
226 So bezeichnet Sägesser das Tier nach seinem Ableben: SAB_1264_9, 175. Vierteljahresbericht des Tierparks Dählhölzli, Januar–März, 1982.
227 SAB_1264_9, 166. Vierteljahresbericht des Tierparks Dählhölzli, Oktober–Dezember 1979.
228 Der Bund, 13.1.1981.
229 SAB_1264_9, 173. Vierteljahresbericht des Tierparks Dählhölzli, Juli–September 1981.
230 Die nachfolgende Schilderung fussten auf: SAB_1264_9, 175. Vierteljahresbericht des Tierparks Dählhölzli, Januar–März 1982.
231 SAB_1264_8, Agendaeintrag vom 22.1.1982.
232 SAB_1264_9, 175. Vierteljahresbericht des Tierparks Dählhölzli, Januar–März, 1982.
233 SAB_1264, provisorisches Verzeichnis, Nr. 32: Sektionsbericht Säuger (1980).
234 Der Bund, 28.1.1982, S. 23.
235 Boujon et al.: Novel encephalomyelitis-associated astrovirus in a muskox (Ovibos moschatus), 2019.
236 Gespräch mit Marc Vandevelde, 6.6.2023.
237 Loderer: Der Untergang des Landes, 2003, S. 15–20.
238 Berner Tagwacht, 1.6.1996.
239 SonntagsZeitung, 27.10.1996 und 3.11.1996.
240 Schweiz aktuell, SRF, vom 2.12.1996, Link: https://www.srf.ch/play/tv/schweiz-aktuell/video/abwahl-theres-giger?urn=urn:srf:video:14365943-fd68-4ff5-bec5-4d76c2012700 (16.5.2024).
241 Année politique Suisse, Kommunalwahlen Bern, 1996, Link: https://anneepolitique.swiss/APS/de/APS_1996/

ANMERKUNGEN 189

APS1996_I_1_e_4_24_print.html (16.5.2024).
242 Bentz: Mehr Platz für weniger Tiere! 2016, S. 105.
243 Die nachfolgenden Überlegungen von Jürg Hadorn fussen auf dem Gespräch mit ihm vom 12.7.2023.
244 Hediger: Tiergartenbiologie und vergleichende Verhaltensforschung, 1956, S. 1–28, v. a. S. 17; ders.: Mensch und Tier im Zoo, 1965, S. 27.
245 Schmidt: Das Afrika-Haus im Züricher Zoo, 1971, S. 10–13.
246 MacGregor: Eine Geschichte der Welt in 100 Objekten, 2011, S. 38–44.
247 Hediger: Mensch und Tier im Zoo, 1965, S. 114.
248 Verein Metropole Schweiz (Hg.): Metropole Schweiz, 2002.
249 Eisinger; Schneider (Hg.): Stadtland Schweiz, 2003.
250 Loderer: Der Untergang des Landes, 2003, S. 15–20.
251 Loderer: Die Landesverteidigung, 2012.
252 Kuster; Meier: Siedlungsraum Schweiz, 2000, S. 9.
253 Zur Geschichte des Einzugs der Aquarien in unsere Wohnzimmer siehe Brunner: Wie das Meer nach Hause kam, 2011.
254 Person: Korallen, 2019, S. 139–141.
255 Brunner: Wie das Meer nach Hause kam, 2011, S. 37.
256 Den Hinweis auf das Schauaquarium verdanke ich Brunner: Wie das Meer nach Hause kam, 2011, S. 106.
257 Hediger: Tierpark Dählhölzli, 1940, S. 291–299.
258 Der Bund, 19.8.1956.
259 Der Bund, 22.7.1956, S. 23.
260 Statistik «Finding Nemo», Website ProCinema, Link: https://www.procinema.ch/de/statistics/filmdb/1004100.html (25.4.2024).
261 Uhu. Mitteilungsblatt des Tierparkvereins Bern, Nr. 1, 2004.
262 Die Karteikarte der Clownfische hat mir Dina Gebhardt 2023 zur Verfügung gestellt.
263 Parmentier et al.: Sound Production in the Clownfish Amphiprion clarkii, 2007, S. 1006.
264 Biondo, Monica Virginia: The marine ornamental fish trade in Switzerland and Europe, 2019.
265 Monica Biondo ging in ihrer Dissertation von bis zu 200 000 marinen Zierfischen aus, die 2009 in die Schweiz eingeführt wurden. Diese Zahl scheint auch vor dem Hintergrund späterer

Untersuchungen aus ihrer Feder sehr hoch. Der eigentliche «Skandal» ist nicht die wie auch immer gelagerte Zahl der Importe, sondern die fehlende Dokumentation dieses Handels.
266 Diesen Hinweis verdanke ich Dina Gebhardt.
267 Die nachfolgenden Angaben beziehen sich auf Stadtbauten Bern (Hg.): Sanierung Vivarium Tierpark Dählhölzli, 2013.
268 Die nachfolgenden Überlegungen von Jörg Hadorn fussen auf dem Gespräch mit ihm vom 12.7.2023.
269 Geschäftsbericht des Tierparks Dählhölzli, Bern, 2015, S. 20, Link: https://tierpark-bern.ch/web/app/uploads/2020/07/TierparkBern_Gesch_ftsbericht-2015_Website.pdf (25.4.2023).
270 Bentz: Mehr Platz für weniger Tiere! 2016, S. 181.
271 Ebd., S. 180.
272 www.rrreefs.com (25.4.2024).
273 Die Ausstellung «Queer – Vielfalt ist unsere Natur» erhielt den Prix Expo 2021 der Akademie der Naturwissenschaften Schweiz. Aufgrund dieser Auszeichnung, vor allem aber auch, weil die Ausstellung auf ein anhaltendes Interesse stiess, wurde sie bis ins Jahr 2023 verlängert. https://www.nmbe.ch/de/queer (25.4.2024).
274 Siehe Geschäftsbericht des Tierparks Dählhölzli, Bern, 2022, S. 35.
275 Bundesamt für Umwelt (Hg.): Biodiversität in der Schweiz, 2023.
276 Radio SRF 1, Tagesgespräch, «Bernd Schildger über den Zoo von heute und morgen», Moderation: Marc Lehmann, 26.10.2021, Link: https://www.srf.ch/audio/tagesgespraech/bernd-schildger-ueber-den-zoo-von-heute-und-morgen?id=12078510 (25.4.2024).
277 SRF Kultur, Sternstunde Philosophie, «Zürcher Zoodirektor: ‹Eine ideale Welt bräuchte keine Zoos›», Moderation: Wolfram Eilenberger, 25.6.2023, Link: https://www.youtube.com/watch?v=cSr8Fen-sN4 (25.4.2024).
278 Radio SRF 1, Tagesgespräch, 26.10.2021.
279 Sacher; Richter; Kaiser: Artgerecht/tiergerecht, 2018, S. 158.
280 Tierschutzgesetz vom 16.12.2005, Artikel 3 «Begriffe», Absatz b, Punkt 4, Link: https://www.fedlex.admin.ch/eli/cc/2008/414/de (25.4.2024).
281 Darauf macht Heribert

Hofer, Professor für Verhaltensbiologie und Direktor des Leibnitz-Instituts für Zoo- und Wildtierforschung in Berlin, aufmerksam. Siehe dazu Blage, Judith: Ein Leben im Zoo ist für Elefanten keine Qual, in: NZZ, 14.11.2023.

282 Sacher; Richter; Kaiser: Artgerecht/tiergerecht, 2018, S. 155–157.

Archive

Archiv des Tierparkvereins Bern
Ordner «Korrespondenzen 1958–1966»
Ordner «HV-TP, TPV, Protokolle 1966–1984»

Burgerbibliothek Bern (BBB)
N Monika Meyer, Nachlass Monika Meyer-Holzapfel (1907–1995)

Schweizerische Nationalbibliothek
Sammlung Diverses Tierpark Dählhölzli
Sammlung Tätigkeitsberichte Tierpark Dählhölzli, 1979–1995, 1997–
Sammlung Tierbestand Tierpark Dählhölzli, 1986–2018

Staatsarchiv Bern (StABE)
FN Nydegger, Fotonachlass Walter Nydegger (1910–1985)
PBA BZ D 379, Tierpark Dählhölzli, Bern (1976.06.19-1996.06.10)

Stadtarchiv Bern (SAB)
SAB_1264, Archiv des Tierparks Dählhölzli
SAB_1264_8, Agenden der Tierparkdirektoren und -direktorin, 1944–1996
SAB_1264_9, Vierteljahresberichte des Tierparks Dählhölzli z. H. des Gemeinderats der Stadt Bern, 1964–1990
SAB_1264_1, Jahresberichte des Tierparks Dählhölzli, 1979–1996
SAB_1264_2, Korrespondenz, 1900–1961
SAB_GR_5, Akten des Gemeinderats, 1924–1955
SAB_GR_5_2, Akten des Gemeinderats, 1934–1943
SAB_GR_5_3, Akten des Gemeinderats, 1944–1953
SAB_SR_1, Protokolle und Berichte des Stadtrats, 1888–1935
SAB_SR_1_48, Protokolle und Berichte des Stadtrats, 1935
SAB_D2, Pressedokumentation der *Berner Zeitung*
SAB_1086, Pressebildarchiv *Der Bund*

Stadtarchiv Zürich (SAZ)
VII.559. Zoo Zürich AG. Archiv, 1928–1981
VII.559.:1.2.6.1.2. Allgemeine Korrespondenz, 1941–1958

Zoologischer Garten Zürich
Nachlass und Bibliothek Heini Hediger

Mündliche Auskunft

Dina Gebhardt, Kuratorin und Co-Leiterin Sektion Tiere, Tierpark Dählhölzli, Gespräch vom 20.6.2023.
Jürg Hadorn, Leiter Sektion

Projekte, Tierpark Dählhölzli, Gespräch vom 12.7.2023.
Stefan Hertwig, Leiter und Kurator Herpetologie, Naturhistorisches Museum Bern, Gespräch vom 23.5.2022.
Cornelia Mainini, Leiterin Bildung und Erlebnis, Tierpark Dählhölzli, Gespräch vom 8.12.2022.
Torsten Seuberlich, Mitarbeiter an der Abteilung für neurologische Wissenschaften, Tierspital Bern, Gespräch vom 15.5.2023.
Marc Vandevelde, ehemaliger Leiter des Instituts für vergleichende Neurologie, Tierspital Bern, Gespräch vom 6.6.2023.

Zeitschriften und Zeitungen

Berner Tagwacht
Der Bund
Der Kanarienfreund
Die Tat
Gefiederter Freund
Neue Zürcher Zeitung (NZZ)
Schweizer Naturschutz
SonntagsZeitung
Uhu. Mitteilungsblatt des Tierparkvereins Bern

Literatur

Aisslinger, Moritz: Sie hat alle überlebt, in: Die Zeit, 27.4.2023, S. 62.
Arndt, David: Erleben Sie Tiere! Ein Essay zum Mensch-Tier-Verhältnis in der Erlebnisgesellschaft, in: Ullrich, Jessica; Steinbrecher, Aline (Hg.): Tiere und Unterhaltung. Berlin 2016 (Tierstudien 9), S. 72–81.
Baratay, Eric; Hardouin-Fugier, Elisabeth: Zoo. Von der Menagerie zum Tierpark, Berlin 2000.
Baudirektion II der Stadt Bern (Hg.): Tierpark Dählhölzli Bern. Festschrift mit 40 Abbildungen und Plan anlässlich der Eröffnung des Tierparkes am 5. Juni 1937, Bern 1937.
Baudirektion II der Stadt Bern (Hg.): Führer durch den Tierpark Dählhölzli Bern, Bern 1937.
Bedrohte Tierwelt – retten statt ausrotten! Leseheft des Schweizer Schulfunks im Dienst des Naturschutzes mit vier Einführungs- und Sendetexten (zum Teil umgearbeitet), Arlesheim 1971.
Beil, Christine: Der Zoo in Karlsruhe. Ein historischer

Streifzug, Karlsruhe 2015 (Schriftenreihe des Stadtarchivs Karlsruhe).

Bentz, Sebastian: Mehr Platz für weniger Tiere! Geschichte des Tierparks Bern, Bern 2016.

Berger, Andreas: Berner beben. Die Geschichte der autonomen Berner Jugendbewegung in den Jahren 1980 bis 1990. Ein Film von Andreas Berger, 1990.

Bertrams, Nathalie; Gercama, Ingrid: Das Leiden der Zierfische, in: Nereus. Die offizielle Zeitschrift des Schweizer Unterwasser-Sport-Verbandes SUSV, Heft 2, 2020, S. 16–18.

Biondo, Monica: Aquarien – ein verstaubtes und schädliches Konzept, in: Nereus. Die offizielle Zeitschrift des Schweizer Unterwasser-Sport-Verbandes SUSV, Heft 3, 2018, S. 20f.

Biondo, Monica Virginia: The marine ornamental fish trade in Switzerland and Europe. Bern 2019.

Boujon, Céline Louise et al.: Novel encephalomyelitis-associated astrovirus in a muskox (Ovibos moschatus). A surprise from the archives, in: Acta Veterinaria Scandinavica 61, 2019, Link: https://doi.org/10.1186/s13028-019-0466-0 (24.4.2024).

Brantz, Dorothee; Mauch, Christof (Hg.): Tierische Geschichte. Die Beziehung von Mensch und Tier in der Kultur der Moderne, Paderborn 2010.

Brunner, Bernd: Wie das Meer nach Hause kam. Die Erfindung des Aquariums, Berlin 2011 (Wagenbachs Taschenbücherei 653).

Bucher, Fritz: Zoogeschichten. Begegnungen mit Tieren und Menschen im Zoo, Zürich 1998.

Bundesamt für Statistik (Hg.): Bodennutzung im Wandel. Arealstatistik Schweiz, Neuchâtel 2001 (Arealstatistik Schweiz).

Bundesamt für Umwelt (Hg.): Biodiversität in der Schweiz. Zustand und Entwicklung, Bern 2023.

Bundesgesetz betreffend die Fischerei vom 21. Dezember 1888, in: Bundesblatt, Bd. I, H. 2, 1889, S. 44–54.

Burkhardt, Louanne: Der Zoologische Garten Basel, 1944–1966. Ein Selbstverständnis im Wandel, Basel 2021.

Di Falco, Daniel: Als wäre alles echt, in: NZZ Geschichte 45, April 2023, S. 106–108.

Eisinger, Angelus; Schneider, Michel (Hg.): Stadtland

Schweiz. Untersuchungen und Fallstudien zur räumlichen Struktur und Entwicklung in der Schweiz, Zürich 2003.
Eitler, Pascal; Möhring, Maren: Eine Tiergeschichte der Moderne. Theoretische Perspektiven, in: Traverse. Zeitschrift für Geschichte, Heft 3, 2008, S. 91–106.
Frehner Consulting (Hg.): Tierpark Dählhölzli Bern. Bern 1998.
Gathen, Katharina von der; Kuhl, Anke: Das Liebesleben der Tiere. Leipzig 2017.
Giese, Jürgen: 100 Jahre Dr. Karl Birkmann, in: Zoofreunde Karlsruhe e. V. (Hg.): Katta. Vereinsnachrichten, Nr. 1, 2014, S. 10–15.
Giger, Bernhard: Walter Nydegger (1912–1986), in: ders.: Referate über Fotografie. 2009–2020, Biel 2020, S. 13–15.
Goldner, Colin: «Die geborenen Spassmacher». Von der falschen Sicht auf Schimpansen hin zu ihrem Missbrauch in Zirkussen, Zoos und sonstiger Unterhaltungsindustrie, in: Ullrich, Jessica; Steinbrecher, Aline (Hg.): Tiere und Unterhaltung. Berlin 2016 (Tierstudien 9), S. 109–121.
Hafner, Urs: Ein Stück Paradies in der Stube, in: NZZ, 21.9.2012.
Hänni, Emil (sen.): Ein Leben für die Bären. Bärenwärter Hänni erzählt, Bern 1975.
Hänni, Emil (jun.): Bäregrabe-Gschichte. Erinnerige vom Bärewärter, Bern 2008.
Hediger, Heini: Tierpark Dählhölzli, Bern, in: Der Zoologische Garten. Neue Folge, Nr. 4, 1940, S. 291–299.
Hediger, Heini: Peterli. Ein Tierschicksal zum Nachdenken, in: Der Tierfreund, Nr. 4, April 1942, S. 55–57.
Hediger, Heini: Wildtiere in Gefangenschaft. Ein Grundriss der Tiergartenbiologie, Basel 1942.
Hediger, Heini: Jagdzoologie – auch für Nichtjäger. Basel 1951.
Hediger, Heini: Fischotter und Bundesräte, in: Schweizer Journal, Nr. 19, Mai 1953, S. 24–29.
Hediger, Heini: Tiergartenbiologie und vergleichende Verhaltensforschung, in: Zeitschrift für Säugetierkunde 21, 1956, S. 1–28.
Hediger, Heini: Mensch und Tier im Zoo. Tiergarten-Biologie, Rüschlikon-Zürich 1965.
Hediger, Heini: Aus dem Leben der Tiere. Lebensgewohnheiten europäischer Tierarten, Frankfurt 1966.

Hediger, Heini: Zoologische Gärten. Gestern, heute, morgen, Bern 1977.

Hediger, Heini: Ein Leben mit Tieren. Im Zoo und in aller Welt, Zürich 1990.

Herren, Hans: Die Wildkatze. Versuch einer Wiedereinbürgerung, in: Schweizer Naturschutz, Nr. 3, Jg. 28, 1964, S. 69f.

Hochadel, Oliver: Darwin im Affenkäfig. Der Tiergarten als Medium der Evolutionstheorie, in: Brantz, Dorothee; Mauch, Christof (Hg.): Tierische Geschichte. Die Beziehung von Mensch und Tier in der Kultur der Moderne, Paderborn 2010, S. 245–267.

Hostettler, Emil: Der Tierpark Dählhölzli in Bern, in: Schweizerische Bauzeitung, Sonderheft zur 56. Generalversammlung des S.I.A. in Bern, 1940, S. 269–277.

Janovjak, Pascal: Der Zoo in Rom. Roman, Basel 2021.

Kafka, Franz: Ein Bericht für eine Akademie. Forschungen eines Hundes, Frankfurt am Main 1988.

Kohl, Karl-Heinz: Die Macht der Dinge. Geschichte und Theorie sakraler Objekte, München 2003.

Krebser, Werner: Die Bestandesaufnahme des Fischotters (Lutra l. lutra) in der Schweiz, 1951–1953, in: Säugetierkundliche Mitteilungen 7, Heft 2, 1959, S. 67–75.

Krüger, Gesine; Roscher, Mieke: Tiergeschichte(n). Vergesellschaftung, Sozialgeschichte und Biographie, in: Ullrich, Jessica; Böhm, Alexandra (Hg.): Tiergeschichten, Berlin 2019 (Tierstudien 16), S. 25–36.

Kuster, Jürg; Meier, Hans Rudolf: Siedlungsraum Schweiz. Struktur und räumliche Entwicklung, hg. vom Bundesamt für Raumentwicklung, Bern 2000.

Lang, Ernst M.: Mit Tieren unterwegs. Aus dem Reisebuch eines Zoodirektors, Basel 1994.

Lobsiger, Lisbeth: Magen-Darm-Parasitenbefall bei Huftieren im Tierpark Dählhölzli Bern. Gezielte Bekämpfung aufgrund der kontinuierlichen Erfassung der Eiausscheidung, Bern 1987.

Loderer, Benedikt: Der Untergang des Landes, in: Hochparterre. Zeitschrift für Architektur und Design, Heft 9, 2003, S. 15–20.

Loderer, Benedikt: Die Landesverteidigung. Eine Beschreibung des Schweizerzustands, Zürich 2012.

MacGregor, Neil: Eine Geschichte der Welt in 100 Objekten. München 2011.

Martel, Yann: Schiffbruch mit Tiger. Roman, Frankfurt am Main 2003.

Meister, Veronika et al.: Endoparasiten – Prophylaxe bei Huftieren in Gehegehaltung. Erfahrungen mit einem Pilotprojekt im Tierpark Dählhölzli Bern, in: Schweizer Archiv für Tierheilkunde, Heft 5, Mai 1993, S. 165–171.

Meyer-Holzapfel, Monika: Analyse des Sperrens und Pickens in der Entwicklung des Stars. Ein Beitrag zum Instinktproblem, in: Journal of Ornithology 87, 1939, S. 525–553.

Meyer-Holzapfel, Monika: Die Entstehung einiger Bewegungsstereotypien bei gehaltenen Säugern und Vögeln, Leipzig 1939.

Meyer-Holzapfel, Monika: Unser Tierpark Dählhölzli. Bern 1949.

Meyer-Holzapfel, Monika: Tierpark Dählhölzli. Bern 1962 (Berner Heimatbücher 84).

Meyer-Holzapfel, Monika: Tiere, meine täglichen Gefährten. Ernstes und Heiteres aus einem Tierpark, Bern 1966.

Meyer-Holzapfel, Monika: Tierpark – kleine Heimat. Bern 1968.

Meyer-Holzapfel, Monika: Breeding the European Wild Cat (Felis s. silvestrsi) at Berne Zoo, in: International Zoo Yearbook, Nr. 8, 1968, S. 31–38.

Meyer-Holzapfel, Monika: Welt der Maler, Maler der Welt. Gedichte, Bern 1974.

Meyer-Holzapfel, Monika: Die Geburt der Ethologie. Sonderdruck aus dem fünfzehnbändigen Informationswerk Die Psychologie des 20. Jahrhunderts, Zürich 1976.

Meyer-Holzapfel, Monika: Blick nach aussen, Blick nach innen. Gedichte, Burgdorf 1978.

Mitchell, Robert: Wie wir Tiere betrachten, in: Brantz, Dorothee; Mauch, Christof (Hg.): Tierische Geschichte. Die Beziehung von Mensch und Tier in der Kultur der Moderne, Paderborn 2010, S. 341–363.

Museum Stadt Solothurn (Hg.): Urs Eggenschwyler. Bildhauer, Maler, Zeichner, Menageriebesitzer, Tierfreund. Ausstellung Museum Solothurn, 20. Januar bis 6. März 1978, Solothurn 1978.

Nicolodi, Sandra: Nachzucht. Eine relativ neue Sammelpraxis zoologischer Gärten, in: Traverse. Zeitschrift für

Geschichte, Heft 3, 2012, S. 91–105.

Nigg, Heinz (Hg.): Wir wollen alles, und zwar subito! Die Achtziger Jugendunruhen in der Schweiz und ihre Folgen, Zürich 2001.

Nogge, Gunther: Zoo und die Erhaltung bedrohter Arten, in: Lothar Dittrich et al. (Hg.): Die Kulturgeschichte des Zoos. Berlin 2001 (Ernst-Haeckel-Haus-Studien 3), S. 183–188.

Oeming, Al: A Herd of Musk-Oxen, Ovibos moschatus, in Captivity, in: International Zoo Yearbook, 1965, S. 58–65.

Parmentier, Eric et al.: Sound Production in the Clownfish Amphiprion clarkii, in: Science 316, Nr. 5827, 2007, Link: DOI: 10.1126/science.1139753 (25.4.2024).

Person, Jutta: Korallen. Ein Portrait, Berlin 2019 (Nature writings 50).

Reinert, Wiebke: Methodische und theoretische Überlegungen zur Neueren und Neuesten Zoogeschichtsschreibung, in: Forschungsschwerpunkt «Tier-Mensch-Gesellschaft» (Hg.): Den Fährten folgen. Methoden interdisziplinärer Tierforschung, Bielefeld 2016 (Human-Animal Studies 10), S. 93–109.

Reinert, Wiebke: Wärter und Tiere zwischen Hochnatur und Populärkultur in der Geschichte Zoologischer Gärten, in: Forschungsschwerpunkt «Tier-Mensch-Gesellschaft» (Hg.): Vielfältig verflochten. Interdisziplinäre Beiträge zur Tier-Mensch-Relationalität, Bielefeld 2017, S. 141–156.

Riedmatten, Natalie von: Rettet Dorie, in: Nereus. Die offizielle Zeitschrift des Schweizer Unterwasser-Sport-Verbandes SUSV, Heft 3, 2017, S. 38–41.

Röthlin, Othmar; Müller, Kurt: Zoo Zürich. Chronik eines Tiergartens, Zürich 2000.

Rübel, Alex: Heini Hediger 1908–1992. Tierpsychologe, Tiergartenbiologe, Zoodirektor, Zürich 2009.

Ruetz, Bernhard: Von der Tierschau zum Naturschutzraum. Der Zoo Zürich und seine Direktoren, Zürich 2011 (Schweizer Pioniere der Wirtschaft und Technik 92).

Sacher, Norbert; Richter, Sophie Helene; Kaiser, Sylvia: Artgerecht/tiergerecht, in: Ach, Johann S.; Borchers, Dagmar (Hg.): Handbuch Tierethik. Grundlagen – Kontexte – Perspektiven, Stuttgart 2018, S. 155–160.

Schaarschmidt, Gudrun: Hinter Stäben und Gräben. Präsentation des exotischen Zootiers im Wandel, in: Kunst + Architektur in der Schweiz, Heft 4, 2008, S. 36–43.

Sägesser, Hannes: Des Berners Zoo. Geschichten aus dem Tierpark Dählhölzli, Bern 1974.

Sägesser, Hannes; Robin, Klaus: Das Dählhölzli im Spiegel seiner Tiere. Bern 1987.

Schildger, Bernd: Zoos wozu? Bern 2012.

Schildger, Bernd: Mensch, Tier! Thun / Gwatt 2019.

Schmezer, Guido: Bern 1939. Ein Jahr Stadtgeschichte im Schatten des Weltgeschehens, Bern 1989.

Schmidt, Christian R.: Das Afrika-Haus im Züricher Zoo, in: Anthos. Zeitschrift für Landschaftsarchitektur, Bd. 10, 3/1971, S. 10–13.

Schmidt, Christian R.: Entstehung und Bedeutung der Tiergartenbiologie, in: Lothar Dittrich et al. (Hg.): Die Kulturgeschichte des Zoos. Berlin 2001 (Ernst-Haeckel-Haus-Studien 3), S. 117–128.

Schmidt, Niels Martin; Stelvig, Mikkel: Muskox Ovibos moschatus (Zimmermann, 1780), in: Corlatti, Luca; Zachos, Frank E.: Terrestrial Cetartiodactyla. Cham 2022 (Handbook of the Mammals of Europa), S. 313–323.

Schnyder, Nicole: Rosinen aus 75 Jahren zooh! Zürich. Zürich 2004.

Schweizer, Simon: AJZ subito? Jugend und Politik. Eine Wechselwirkung am Beispiel der Berner Reitschule, Bern 2004.

Schweizerischer Kanarien- und Ziervogelzüchter-Verband (Hg.): 75 Jahre Schweiz. Kanarien- und Ziervogelzüchter-Verband. 1910–1985, Seftigen 1985.

Schwick, Christian et al.: Zersiedelung der Schweiz – unaufhaltsam? Quantitative Analyse 1935 bis 2002 und Folgerungen für die Raumplanung, Bern 2010 (Bristol-Schriftenreihe 26).

Sliwa, Alexander: Der Sibirische Tiger im Zoo. Sein Zuchtmanagement in modernen Zoos und seine Wahrnehmung in der Öffentlichkeit, in: Zeitschrift des Kölner Zoos, Nr. 2, 2014, S. 5–11.

Sommer, Fred: Es Läbe für ds Dählhölzli. Erinnerige vom Tierparkinschpäkter, Bern 2009.

Stadtbauten Bern (Hg.): Sanierung Vivarium Tierpark Dählhölzli, 2013.

Stampfli, Hans Rudolf: Ein neuer Moschusochsenfund aus dem Kanton Bern: (Ovibos moschatus Zimmermann), in: Jahrbuch des Naturhistorischen Museums Bern, Bd. 2, 1963–1965, S. 222–228.

Statistisches Amt der Stadt Bern (Hg.): Jahrbuch 1937/1938. Bevölkerung und Wirtschaft der Stadt Bern, Bern 1938.

Statistisches Amt der Stadt Bern (Hg.): Jahrbuch 1943/1944. Bevölkerung und Wirtschaft der Stadt Bern, Bern 1944.

Statistisches Amt der Stadt Bern (Hg.): Jahrbuch 1946/1947. Bevölkerung und Wirtschaft der Stadt Bern, Bern 1947.

Tierparkverein (Hg.): Tierpark Dählhölzli Bern. Bern 1980.

Tierparkverein (Hg.): Tierpark Dählhölzli Bern. Bern 1986.

Tierparkverein (Hg.): Tierpark Dählhölzli, Bern. Bern 2002.

Tierparkverein Dählhölzli (Hg.): 50 Jahre Tierparkverein. 1930–1980, Bern 1980.

Turner, Alexis: Ausgestopft! Die Kunst der Taxidermie, Wien 2013.

Stadt Bern (Hg.): Verwaltungsberichte der Stadt Bern. Bern 1936ff.

Stadtbauten Bern (Hg.): Sanierung Vivarium Tierpark Dählhölzli. Bern 2013 (Stadtbauten 2013/11).

Verein Metropole Schweiz (Hg.): Metropole Schweiz. Charta für die Zukunft einer urbanen Schweiz, Zürich 2002.

Volmar, Friedrich August: Das Bärenbuch. Bern 1940.

Wiedenmayer, Christoph: Raum-Zeit-System des Sibirtigers, Panthera tigris altaica (Temminck 1845) in Gefangenschaft. Lizenziatsarbeit Universität Bern, 1987.

Wiedenmayer, Christoph; Sägesser, Hannes: Das Raum-Zeit-System des Sibirtigers, Panthera tigris altaica (Temminck 1845), im Berner Tierpark Dählhölzli, in: Der Zoologische Garten. Zeitschrift für die gesamte Tiergärtnerei. Offizielles Organ des Verbandes Deutscher Zoodirektoren und Organ des Internationalen Verbandes von Direktoren Zoologischer Gärten, N.F., Heft 1, Bd. 58, 1988, S. 31–39.

Wiesner, Henning: Vom Ochsen, der gar keiner ist, in: Der Zoofreund, Jg. 88, 1993, S. 16–18.

Wiesner, Henning: Modernes Zoomanagement, in: Lothar Dittrich et al. (Hg.): Die Kulturgeschichte des Zoos. Berlin 2001 (Ernst-Haeckel-Haus-Studien 3), S. 171–181.

Wöbse, Anna-Katharina; Roscher, Mieke: Zootiere während des Zweiten Weltkrieges. London und Berlin 1939–1945, in: Werkstattgeschichte, Heft 56, 2010, S. 46–62.

Zollinger, Hans: Die Wildkatze in der Schweiz ausgestorben?, in: Schweizer Naturschutz, 1959, S. 130–136.

Zollinger, Hans: Die Wildkatze in der Schweiz. Schaffhausen 1970 (Flugblatt Serie 2 7).

Zoologischer Garten Basel (Hg.): Zoo Basel. Basel 1999.

Umschlag:
    Fotobestand Tierpark Bern
S. 25:
    Baudirektion II der Stadt
    Bern (Hg.): Tierpark Dähl-
    hölzli Bern. Festschrift mit
    40 Abbildungen und Plan
    anlässlich der Eröffnung
    des Tierparkes am 5. Juni
    1937, Bern 1937
S. 28:
    Hediger, Heini: Ein Leben
    mit Tieren. Im Zoo und in
    aller Welt, Zürich 1990, S. 141
S. 32:
    Hediger, Heini: Peterli. Ein
    Tierschicksal zum Nach-
    denken, in: Der Tierfreund,
    Nr. 4, April 1942, S. 57
S. 34:
    Hostettler, Emil: Der Tier-
    park Dählhölzli in Bern, in:
    Schweizerische Bauzeitung,
    Sonderheft zur 56. General-
    versammlung des S.I.A. in
    Bern, 1940, S. 275
S. 41:
    Bibliothek Zoo Zürich,
    Nachlass Heini Hediger
S. 52:
    Burgerbibliothek Bern,
    FI Franco-Suisse, Ansichts-
    karte 822
S. 55:
    Staatsarchiv Bern, FN
    Nydegger, Fotonachlass
    Walter Nydegger
    (1910–1985), Foto 9654_02
S. 57:
    Stadtsarchiv Bern,
    Bestand Tierpark Dähl-
    hölzli, SAB_1264_8
S. 63:
    Foto: Sandra Stampfli
S. 72:
    Meyer-Holzapfel, Monika:
    Tiere, meine täglichen
    Gefährten. Ernstes und
    Heiteres aus einem Tier-
    park, Bern 1966, S. 97
S. 74:
    Wanderland Schweiz
    (https://map.wanderland.ch/)
S. 79:
    Burgerbibliothek Bern,
    FN.K.C.168; FN.K.C.169,
    Foto: Martin Hesse
S. 85:
    Die Schweiz. Offizielle Rei-
    sezeitschrift der Schweizeri-
    schen Verkehrszentrale,
    1.6.1974, S. 33
S. 88:
    Stadtarchiv Karlsruhe, 8/BA
    Schlesiger, Foto A30/33/5/17A
S. 90:
    Staatsarchiv Bern, FN Ny-
    degger, Fotonachlass Walter
    Nydegger (1910–1985), Foto
    9644_01
S. 95:
    Fotobestand Tierpark Bern
S. 105:
    Foto: Sandra Stampfli

S. 111:
Bentz, Sebastian: Mehr Platz für weniger Tiere!, 2016, S. 69

S. 115:
Staatsarchiv Bern, FN Nydegger, Fotonachlass Walter Nydegger (1910–1985), Foto 9436_01

S. 119, S. 120:
Foto: Klaus Robin

S. 123, S. 124, S. 126, S. 134, S. 136:
Foto: Sandra Stampfli

S. 138:
Foto: Urs Baumann, Bildarchiv der Berner Zeitung

S. 141:
Stadtbauten Bern (Hg.): Sanierung Vivarium Tierpark Dählhölzli. Bern 2013 (Stadtbauten 2013/11)

S. 159, S. 162:
Foto: Sandra Stampfli

Verstorbenen Zootieren nachzuspüren, geht nicht ohne Hartnäckigkeit. Während meiner Recherchen konsultierte ich Archivschachteln und Bücher, Dossiers und Datenbankeinträge. Ich durchforstete Akten und führte Gespräche. Tiger Igor etwa suchte ich in sämtlichen Naturhistorischen Museen der Schweiz, erfolglos, bis er in der zoopädagogischen Sammlung des Tierparks auftauchte. Von Papagei Lea und der namenlosen Dornschwanzagame konnte ich keine Bilder auftreiben, obwohl ich in den vorhandenen Unterlagen wühlte und nichts unversucht liess. Für Dritte war meine obsessive Suche nach den Zootieren nicht immer einfach.

Für die Nachsicht, vor allem aber für die Unterstützung möchte ich allen Beteiligten danken. Ohne ihre Hilfe gäbe es das Buch nicht in dieser Dichte. Für die Gesprächsbereitschaft und die Mitarbeit am Projekt danke ich Friederike von Houwald, Heidi Ott, Dina Gebhardt, Jürg Hadorn, Cornelia Mainini, Meret Huwiler und Doris Slezak vom Tierpark Bern. Stets auf Verständnis stiess ich auch im Stadtarchiv Bern; mein Dank geht an Roland Gerber und sein aufgestelltes Team. Stefan Hertwig vom Naturhistorischen Museum Bern danke ich für sein geduldiges Durchforsten der Sammlung und der Kataloge. Mathias Zach verschaffte mir einen unkomplizierten Zugang zum Archiv des Tierparkvereins. Ruth Stalder von der Burgerbibliothek Bern danke ich für ihre Bemerkungen zum Nachlass von Monika Meyer-Holzapfel. Wichtige Anregungen zu Heini Hediger bekam ich von Kurt Balmer von der Bibliothek des Zoos Zürich. Peter Müller vom Zoo Leipzig klärte mich über den Wandel der Tigerhaltung auf. Seine Mails las ich stets mit Neugier. Torsten Seuberlich von der Abteilung für neurologische Wissenschaften am Tierspital Bern führte mich in die Welt der Astroviren ein, Kemal Mehinagic vom Institut für Virologie und Immunologie in jene der Parasiten. Vom Moschusochsen Toni berichteten mir Marc Vandevelde als ehemaliger Leiter des Instituts für vergleichende Neurologie in Bern und Klaus Robin als ehemaliger wissenschaftlicher Assistent beziehungsweise Adjunkt des Tierparks. Sie gaben mir persönliche Einblicke in das Leben eines besonderen Tieres. Der Burgergemeinde Bern danke ich für ihren Werkbeitrag.

Gern erinnere ich mich an Sandra Stampflis Lachen, als ich

ihr erklärte, ich hätte Hirnproben von Toni aufgestöbert, ob sie nicht Lust hätte, davon Aufnahmen zu machen. Auf ihren künstlerischen Blick und ihre technischen Fertigkeiten konnte ich mich verlassen. Sei es in den Tiefen des Naturhistorischen Museums, sei es in den Weiten des Tierparks Dählhölzli. Dank der strengen Rückmeldungen von Eric Godel und Andreas Schwab, die sich in meine ersten Textfassungen vertieften, warf ich viel Ballast ab, wodurch die Porträts leichtfüssiger und klarer wurden. Bruno Meier, Denise Schmid und Mira Imhof vom Verlag Hier und Jetzt sowie der Gestalterin Simone Farner danke ich für die Verwandlung meines Textes in ein schönes Buch, die sie mit Sorgfalt und Anteilnahme vollzogen.

Wenn ich durch die Glasscheibe des Berner Korallenriffs den Bewegungen des Clownfisches folge, beschleicht mich ein melancholisches Gefühl. Er ist der einzig Lebende unter meinen porträtierten Tieren. Ihr Dasein stand am Anfang aller Überlegungen.

Roger Sidler, Sommer 2024

Roger Sidler lebt und arbeitet in Bern. Er war Redaktor am Historischen Lexikon der Schweiz und ist seit 2021 als freiberuflicher Historiker tätig.

Der Verlag Hier und Jetzt wird vom Bundesamt für Kultur mit einem Strukturbeitrag für die Jahre 2021–2024 unterstützt.

Mit weiteren Beiträgen haben das Buchprojekt unterstützt:

Gesellschaft zu Kaufleuten
Gesellschaft zu Ober-Gerwern
Gesellschaft zu Schuhmachern
Gesellschaft zu Zimmerleuten

Dieses Buch ist nach den aktuellen Rechtschreibregeln verfasst. Quellenzitate werden jedoch in originaler Schreibweise wiedergegeben. Hinzufügungen sind in [eckigen Klammern] eingeschlossen, Auslassungen mit [...] gekennzeichnet.

Umschlagbild:
Tierpfleger Fred Sommer mit den beiden ersten im Dählhölzli geborenen Tigern Ivan und Khan, 15.6.1976.

Lektorat:
Mira Imhof, Hier und Jetzt

Gestaltung und Satz:
Farner Schalcher, Zürich;
Simone Farner

Bildbearbeitung:
Benjamin Roffler, Hier und Jetzt

Druck und Bindung:
Longo AG, Bozen

© 2024 Hier und Jetzt, Verlag für Kultur und Geschichte GmbH, Zürich, Schweiz
www.hierundjetzt.ch
ISBN Druckausgabe
978-3-03919-623-4
ISBN E-Book 978-3-03919-698-2